# オフィスの生産性革命!

## 電子認証 ペーパーレス入門

横山公一 著　久野康成 監修

TCG出版

# 目次

序　章　ペーパーレス化であなたの会社が変わる ―― 7

第一章　ペーパーレス化が進まない、日本の現状 ―― 19

1-1　世界と日本のペーパーレス化事情 ―― 20

1-2　今こそペーパーレス化に向かうチャンス！ ―― 36

第二章　ペーパーレス化で変わる、新たな社内環境 ―― 53

2-1　革命的な変化を起こすペーパーレス化 ―― 54

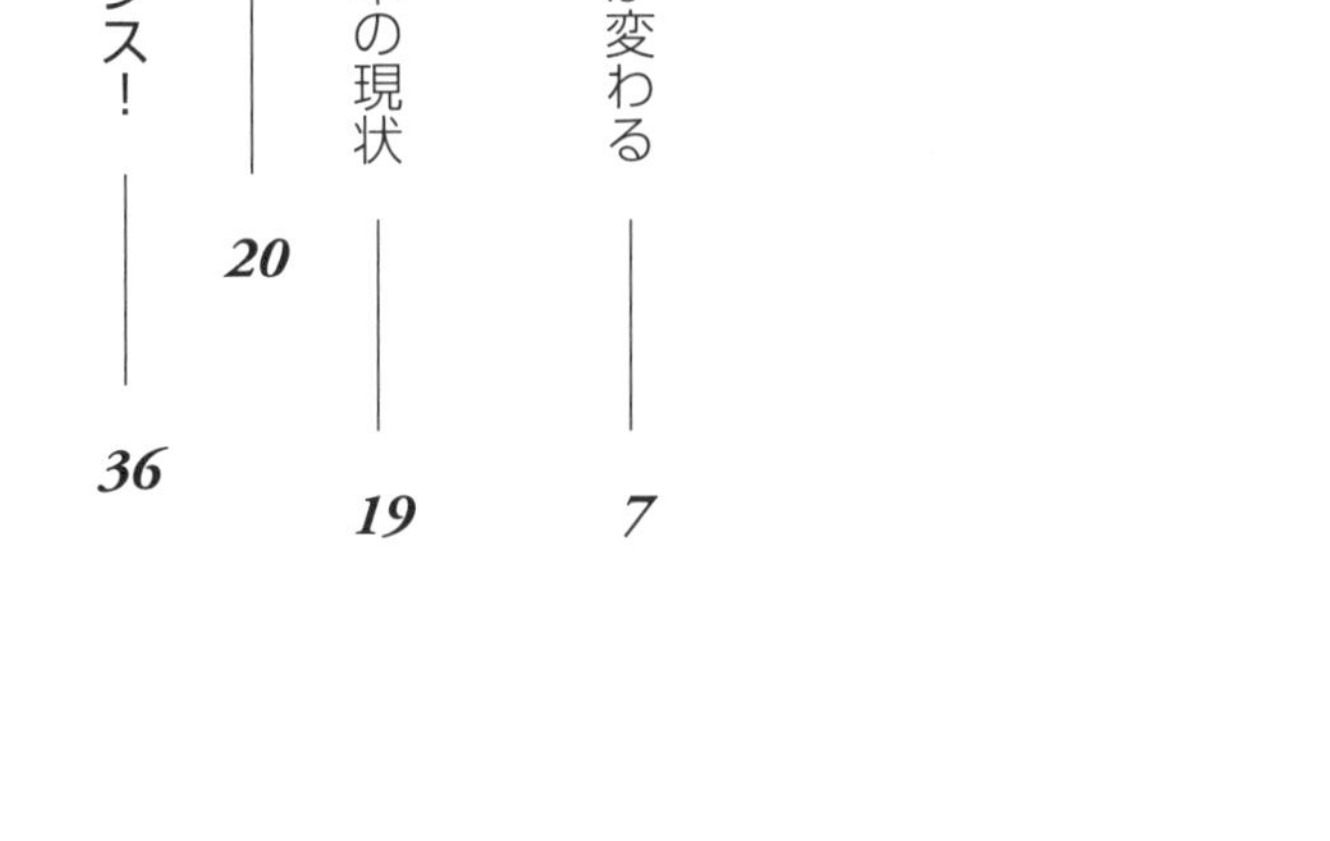

2-2 情報が見えれば、業務の流れが見える —— 58
2-3 紙媒体とデジタルの垣根 —— 69
2-4 ペーパーレス化で仕事が変わる —— 78
2-5 ペーパーレス化が効果的な企業とは —— 83

第三章 ペーパーレスシステム選定時の留意点 —— 101
3-1 広範囲にカバーできるシステムを選ぼう —— 102
3-2 電子契約に必須の「電子署名」と「タイムスタンプ」について —— 106

第四章 ペーパーレス化導入のステップ —— 119
4-1 最終ゴールをどこに設定するか —— 120

4-2　ペーパーレス化のための準備 ―― 126
4-3　導入スケジュールをどう考えるか ―― 135
4-4　ペーパーレス化移行における留意点 ―― 142

**第五章**　ペーパーレス化Q&A ―― 153

(A)　経理関連 ―― 155
(B)　総務関連 ―― 172
(C)　法務関連 ―― 176
(D)　その他ペーパーレス化への取り組みに関する質問 ―― 183
(E)　paperlogic に関する質問 ―― 191

**第六章**　ペーパーレスシステム導入事例 ―― *197*

**終　章**　技術革新が経営を変える ―― *215*

執筆　序章～第六章　横山 公一
終章　久野康成

# 序章

# ペーパーレス化であなたの会社が変わる

により「書面にて保存・保管すること」が取り決められています。2005年にe－文書法という法律が制定され、これらの保存・保管を「電磁的手法（つまり電子データ）」にて保存・保管することがOKになったのですが、ほとんどの企業にはこの法令は認知されておらず、「PDF化」＝「ペーパーレス化」だと思っている企業が多いです。

これらの書類を法令に準拠した形で電子データに変換し保存・保管して、初めて「ペーパーレス化」、つまり紙の書面は廃棄できるようになります。そして、今まで紙で保存・保管していた情報をデジタル化することで、データの活用による業務改善、コスト削減、コンプライアンス強化などといったビジネスへの貢献につなげることもできます。「書類のPDF化」を「法令準拠」と「データのデジタル化」、これを同時に行うことでこそ、真のペーパーレス化が実現可能なのです。

日常的に社内でやりとりする書類……たとえば会議の資料や稟議書、各種の申請書類などもデジタルデータでのやりとりにすれば、プリントアウトの手間がいりませんし、用紙や印刷費の節約にもなります。時間的にもコスト的にも効率が良いはずです。

さらに取引先や顧客など、社外とのやりとりもペーパーレス化するとどうでしょう。見積書や請求書、提案書などをペーパーレス化してメール送付すれば、ほぼリアルタイムで先方に届きますから、郵送のタイムラグがなくなります。送料もカットでき、コストダウンにもつながります。契約書などは双方の間を複数回、行ったり来たりするものですが、これもペーパーレス化すれば、大幅な時間短縮につながり、業務が一気にスピードアップします。

「いや、さすがに契約書はまずいでしょう？」

そう思う方もいるかもしれませんが、そんなことはありません。ペーパーレス化の進んだ海外諸国と比べると「遅まきながら」の感がありますが、日本でも２００１年になって、いわゆる「電子署名法」が施行されました。これまで紙の原本を用いていた他社との契約が、電子署名を付したデータファイルのやりとりでもできるよう、法整備がなされたのです。

ペーパーレス化を下支えするＩＴインフラも、セキュリティの面も含めて十分に普及しています。すでに日本におけるペーパーレス化への流れは、力強く動き始めているのです。

## ◆ペーパーレス化により「働き方」を変える

私が声高にペーパーレス化を叫ぶ理由の一つは、日本の現状と将来への不安のためです。

皆さんもご存じのように、現在の日本は少子高齢化に歯止めがかからず、産業界は軒並み慢性的な人材不足に苦しんでいます。現状の傾向が今後も続けば、2060年には2・5人に1人が65歳以上と

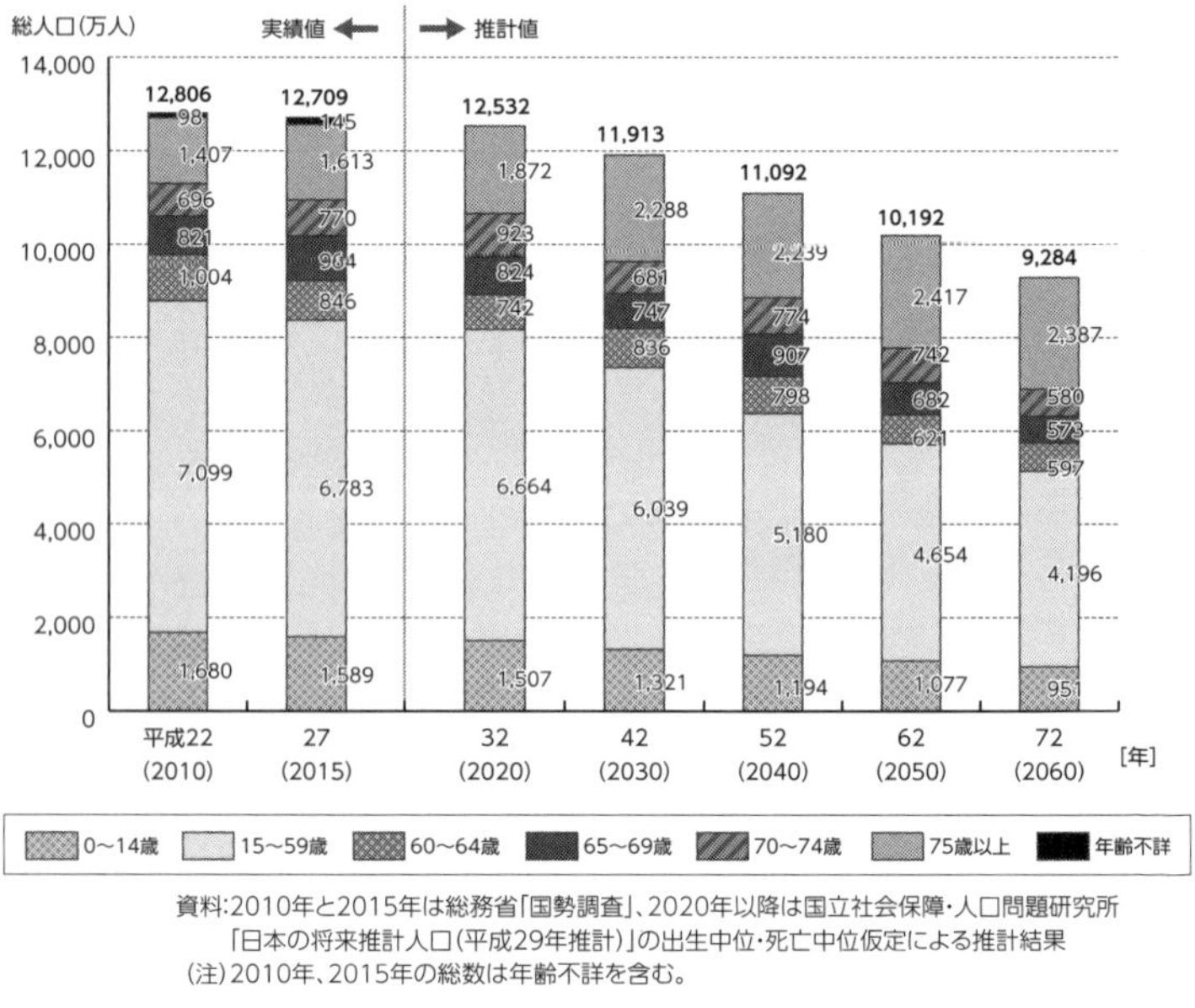


資料:2010年と2015年は総務省「国勢調査」、2020年以降は国立社会保障・人口問題研究所「日本の将来推計人口(平成29年推計)」の出生中位・死亡中位仮定による推計結果
(注)2010年、2015年の総数は年齢不詳を含む。

年齢区分別将来人口推計(内閣府『平成29年版高齢社会白書』)

いう、超高齢化社会が到来するという試算もあります。そのような状況になってしまったら、日本の生産力・経済力は、見る影もない状況に陥ってしまうでしょう。

こうした予測は、私一人のものではありません。すでに行政もこの問題を憂慮し、さまざまな対策を打っています。その代表的なものが「働き方改革」です。

正社員として組織に属し、午前9時から午後5時まで、オフィスに詰めて業務をさばく。そんな固定的な働き方を脱却し、時短勤務やフレックス勤務、ネットを使ったテレワーキングなどを組み合わせて、柔軟性と効率性に優れた就業形態を作り上げていく。これは、不足している労働力を補うためには有益な手段でしょう。現場をリタイアしたシニア層や、子育てがひと段落した主婦層を再びビジネスの現場に呼び込むには、有効な方法ではありました。

ですが、厚みを増した労働力を使って旧態依然とした非効率的な業務をさばくのは、どう考えても不合理です。人手が増えたならば、その人手を効率的に活用することで、最大限の効果を生み出すことを考えねばなりません。

そこで重要になるのが「ペーパーレス化」なのです。最近、注目されているＡＩやＲＰＡ（Robotic Process Automation ＝ロボットによる業務自動化）なども、ペーパーレス化すなわちデジタル化して初めて活きる技術です。紙をいくらRPAにかざしてみても動きません。

現在の「人口ピラミッド」を見ると、最低でも向こう10年ほどは、新卒人材は減少傾向が続きます。人材不足という産業界の悩める状況は、当分解消されそうにありません。ならば新卒以外の人材で補強する必要がありますし、その人的リソースを有効活用していくことも必須です。

そうした視点に立つと、ペーパーレス化による業務の効率化は、企業の現場に非常に大きな恩恵をもたらしてくれます。少ない労働力を効率的に活用することによって業務上の無駄を省き、それによって組織の活力をさらに高めることが可能になるのです。

## ◆ペーパーレス化により「セキュリティ」を変える

紙の書類からデジタルデータへ。この変換にあたって多くの人々が気にするのがセキュリティの問題でしょう。データの流出・漏洩、さらには悪意のある改竄《かいざん》といった事件は、今もしばしばニュースになります。そのたびに「やはりデジタルに依存し過ぎるのは問題だな」と感じる人も多いのではないでしょうか。

確かに、このような事例は決してゼロになることはないでしょう。悪意のある人間がいる以上、こうした事例を根絶することは困難です。ですが漏洩や改竄に対する強度でいえば、アナログだから安心だというわけではないのです。鍵付きのキャビネットや金庫に保管してある重要書類も、その鍵を管理している人間にとっては、食器棚からコーヒーカップを取り出すのと大差ありません。しかもその鍵を何らかの方法で複製してしまえば、誰でも重要書類にアクセスできることになります。その書類が改竄されたとしても、いつ、誰が行ったのか、追跡することができません。

一方、デジタルデータを守るための取り組みは進んでいます。顧客からデータを預かるデータセンターやクラウドサービス会社にとって、セキュリティの堅牢さは、自社サービスの信頼性に直結しますから、常に「預かるデータをどう守るか」に着目し、セキュリティを強化しています。また、何者かによってデータの閲覧や改変が行われたとしても、それがいつ、誰によってなされたのかを追跡する技術が開発され、すでに実用化されています。

ことセキュリティに関していえば、すでにデジタルはアナログ以上の堅牢性と追跡性を実現しているのです。

## ◆ペーパーレス化により「時間の使い方」を変える

情報をデジタルで保管すると、必要なときにほぼリアルタイムでアクセスできます。そのデータにアクセスできるスタッフを限定しておけば、わざわざ鍵付きのキャビネットに保管しておく必要もありません。倉庫から重たい段ボール箱を引っ張り出して、古い書類の山をあさるようなことをしなくても、適当なワードで検索するだけで必要な情報が手に入るのです。

他のスタッフとの共有も簡単ですし、その情報をもとに新たな資料を作ったりするときも、容易に加工や編集ができます。つまり情報の整理や保管だけでなく、再利用も素早く簡単にできる、というわけです。

資金や人材、ノウハウなど、企業活動には多くのリソースが必要ですが、「時間」だけは、新たに作り出すことができません。そしてすべての人に対して平等で「1日=24時間」と決まっています。その限りある時間をいかに効率良く使うかによって、業務全体の効率が変化していきます。

その一点を考えてみても、ペーパーレス化による計り知れないメリットがイメージできるのではないでしょうか。

## ◆1日でも早く、その一歩を踏み出そう

ペーパーレス化を果たすとどうなるか。その概略をお話ししてみました。ですがペーパーレス化がもたらす本当の恩恵は、さらに先にあります。

時間と手間、コストが大きく圧縮されるとなると、まず経費の無駄が抑えられます。社員の手間と時間を、より大切な作業に振り分けることができます。作業効率が上がり、同じ時間内でより多くの仕事、あるいはより質の高い仕事ができるようになります。それによって残業が減るならば、さらに好ましいことです。

こうした環境は、社員のメンタルにも良い影響を及ぼすでしょう。集中力は高まり、優れたアイデアが生まれる期待も高まりますし、モチベーションアップにもつながるでしょう。ペーパーレス化は単に「紙を使わないようにする」というだけでなく、その先に多くのメリットが生まれるものなのです。

現在の日本では、多くの企業が人材不足に悩んでいます。ですが1人の人間が1

日にできる作業量には限界がありますし、それを超えて業績を伸ばそうとすれば、大きな無理が生じます。

ならば1日も早くペーパーレス化に踏み切り、業務の効率化と生産性の向上を目指すべきです。競合他社に先駆けて、まずあなたが動くべきでしょう。

今、ペーパーレス化に踏み出すか、踏み出さないか。それは経営トップの判断次第です。今決断しなければ、5年後、10年後の両社の間には、挽回不能なほどの大きな差が生まれているはずです。もう、ノンビリしていられないのです。

# 第一章
# ペーパーレス化が進まない、日本の現状

1-1

# 世界と日本のペーパーレス化事情

## ◆ＩＣＴ先進国のペーパーレス化の状況

諸外国を訪れてみて感じるのは、多くの国々で日本以上にＩＣＴ（Information and Comunication Technology ＝情報通信技術）が活用されており、ペーパーレス化が進んでいるということです。それは人々の生活の中にもしっかり浸透しています。特に急速に進んでいるのが中国のキャッシュレス環境です。

中国は国土が広く、人口も多いため、不便のないようにＡＴＭを設置するには莫大なコストがかかります。またクレジットカードの普及率は低く、代わりにデビットカードが広く使われています。さらに近年ではスマートフォン決済が急速に進み、一般の商店はもちろん屋台のようなところでもスマートフォン決済が当たり前になっていて、現金を使う場面はほとんどない、という状況にまで達しています。

また欧米のビジネスシーンでは日常的な請求書や提案書のやりとりはペーパーレスが当たり前で、会社同士の契約書もデジタル化され、そこに電子署名とタイムスタンプを捺すことで、契約内容の真正性を保証する形がとられています。

さらに、国家ぐるみでペーパーレスを実現した国もあります。ヨーロッパのバルト三国の一角、エストニアです。

国土面積は九州と同程度、そこに約130万人の人々が暮らしています。古くから周囲の強国の支配を受け続け、1991年になってようやく旧ソ連からの独立を果たしました。こうした歴史的経緯から「いつまた周辺国の侵略を受けるか分からない」という意識が強く、また「少ない人口で国を発展させなくてはならない」という要求から、エストニアは「電子政府」を目指しました。たとえ周辺国に国土を占

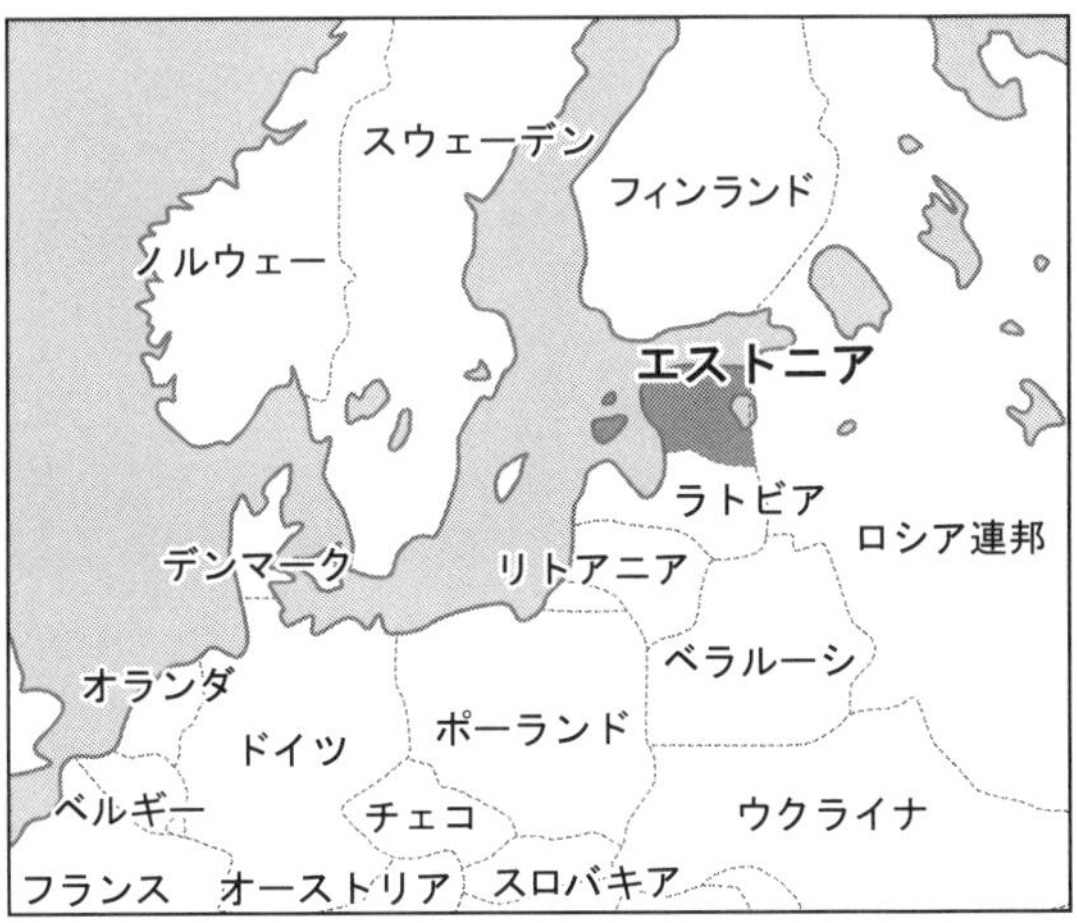

エストニア

領されても、電子政府という体制が生き残れれば、国家として存続できる……というわけです。

そんな思想のもと、エストニアはまず基盤となるＩＣＴインフラを作り上げ、あらゆる行政サービスを電子化する方向に向かいました。そして２０００年代に入ると、本格的な電子政府体制がスタートします。

エストニアでは国民全員がＩＤカードを持っています。「マイナンバーカードみたいなものか」と思われた方は半分正解で、日本のマイナンバー制度はエストニアをお手本として作られたものです。

このカードは身分証明証であり、免許証、健康保険証として使えます。つまり国民一人ひとりの個人情報をすべて記録しておいて、ＩＤカードによって必要な情報だけを読み取って使う、という環境が実現しているのです。選挙の投票や引っ越しの手続き、会社の設立など、デジタル手続きが可能な行政サービスは５００を超え、民間のサービスも含めると２５００以上になるといいますから凄いものです。日々の買い物の支払いもすべてネットで決済、税の計算から申告、支払いまでもネット上で簡単に済んでしまいますから、エストニアでは私のような公認会計士・税理士という商売は成り立たないそうです。

こうした諸外国と比べると、日本の現状はお粗末としかいいようがありません。政府が音頭をとってペーパーレス化を推し進め、各種の法整備、規制緩和にまで乗り出したというのに、現場がなかなか動きません。いったいなぜなのでしょう？日本でペーパーレス化が進まない理由は、何なのでしょうか？

## ◆ペーパーレス化が進まない、日本ならではの理由

効率を考えれば明らかに有利なのに、ペーパーレス化が進んでいかない……。なんともじれったい思いでいっぱいですが、日本でペーパーレス化が進まないのは、技術面や運用面の問題というよりも、情緒的な問題が大きいように思います。

そもそも日本は紙が豊富で、多種多様な紙文化を形成してきました。そうした歴史的な背景のために、紙に対する信頼感や安心感が大きく、デジタルへの移行を阻んでいるのでしょう。

もう一つの要因として、日本人は突出することを嫌います。そのため何かにつけ

て、自分が「第一号」になることを嫌うのです。

今、ペーパーレス化が話題になっている。あれこれ調べてみるとメリットが多いし、導入効果も高そうだ。税法や会社法が要求している要件を満たす必要があるけれど、対応しているシステムを使えば問題はないようだ。業務の効率化が図れるし、コストの点でも有効だろう。でも……同業他社ではまだ実施していない。だったらもう少し、様子を見ようか……。

本来なら、同業他社が手を付けていない今こそペーパーレス化のシステム導入の絶好のタイミングで、他社に差をつけるチャンスなのです。なのに、真っ先切って走り出すということを、なぜか日本の企業は良しとしません。ペーパーレス化に限らず、新しいことに手を出そうとするときに、こうした傾向はよく見られます。

「○○社も××社もまだ動いていないし……ちょっと様子を見た方がいいんじゃないか?」

このような結論になりがちです。

この点、若い企業やベンチャーでは、ずいぶんとおもむきが違うようです。ですが日本の多くの企業は「変わる」ことに対して保守的で、不思議に思うほどの慎重さを見せることがあります。その理由は明確ではありませんが、「みんなと同じ」で「目立つことをしない」ことを良しとする、日本人の国民性ゆえなのかもしれません。それはまた「日本的情緒」といえるものなのでしょう。

しかし変わることを拒絶するばかりでは、時代の変化に対応し、刻々と移りゆく市場の要求に応えていくことはできません。日本企業がペーパーレス化を推進し、業務の効率化を図るためには、良くも悪くも日本的な情緒を、一度捨て去る必要があるのかもしれません。

## ◆専門家の不足がペーパーレス化を遅らせている

情緒的な問題に加え、「専門家の不足」という現実的な問題もあります。この点は欧米と比較すると決定的でしょう。

前述した通り、ペーパーレス化への道のりにはいくつかの段階があり、レベルが上がっていくにつれて作業効率は高まり、より多くのメリットを享受することができます。ですがペーパーレス化をスムーズに進めるとなると、社内のスタッフだけではなかなか難しい、というのも事実です。

まず社内の業務フローを全体的に見渡し、どこから手を付け、どのように進めていくかのプランニングが重要ですし、問題が起こりそうなところは事前に対応策を用意しておく必要もあります。セキュリティレベルの設定や、場合によってはサーバーなどのハードウェアの選定も必要でしょう。同時に税務関連の法的知識、電子帳簿保存法による各種申請や届出の指導は必須です。また、日本にはペーパーレス化、電子化にあたっての満たすべき法的要件が税法以外にもさまざまな法律から要求されています。これらを整理することも重要です。さらに日常的な業務をすべてペーパーレスで回していくための包括的なシステムを導入できれば、よりスムーズですが、そうしたソリューションはまだまだ一般的ではありませんし、使うにしてもやはり専門家のアドバイスが必要です。

これらすべてをカバーできる「ペーパーレス化の専門家」が、日本では決定的に不足しており、そのために企業のペーパーレス化が進まない、という現状があります。ですがそのハードルを乗り越えてしまえば、ペーパーレス化がもたらす多くの恩恵を受けることができます。それによって組織の生産力をさらに高め、ビジネス効率をアップさせることができるのです。

公認会計士・税理士である私自身の立場からいえば、ペーパーレス化の行き着く先は、やはり前述のエストニアのような環境でしょう。もし日本がエストニア並みのデジタル社会を実現できたら、私は失業するしかありませんが、そこに至る道筋において、公認会計士・税理士は大いに活躍できるはずだと思っています。

## ◆ペーパーレス化を取り巻く環境

ＩＴ……近年では情報と通信に関わる幅広い技術を指してＩＣＴと呼ばれることが多くなりました。その進化はとどまることなく、世界中で常に新たな技術が開発され、その技術を使ったサービスが生まれています。そして多くの企業や人々に活用され、仕事の効率を高め、日々の生活をより便利で、快適なものにしてくれています。

ですがこうしたデジタル化の波に、残念ながら日本は乗り遅れてしまいました。

世界と比較して労働生産性は低く、国際間での経済問題を協議するＯＥＣＤ（経済協力開発機構）の加盟国35ヶ国中で21位です。名目ＧＤＰは伸び悩み、１９９６年からの20年間で１・２％というありさまです。アメリカが１９２％、中国が

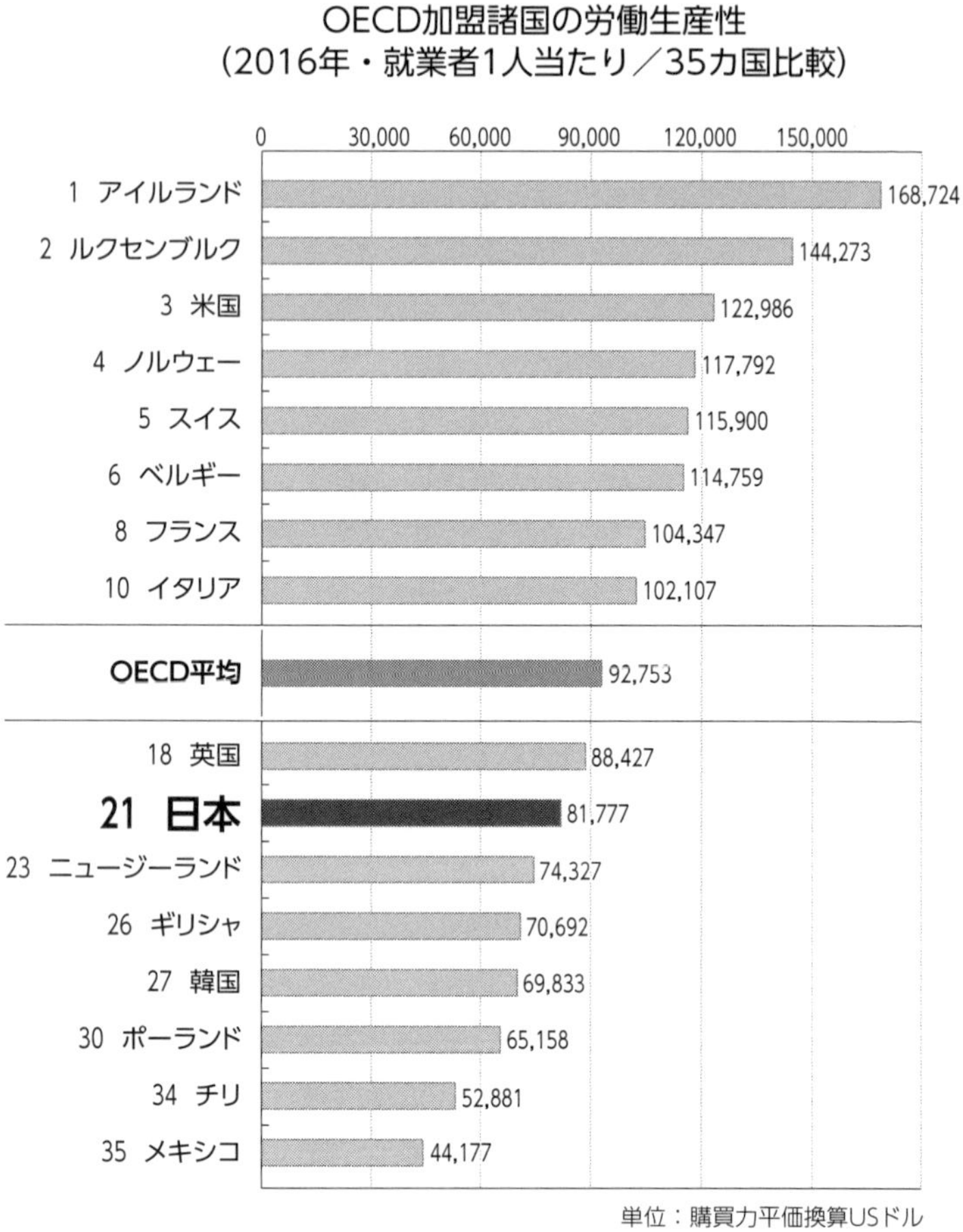


労働生産性ランキング（2016）
（日本生産性本部「OECD 加盟諸国の労働生産性」より作成）

115％もの伸びを記録していることと比べると、まったく情けない限りです。

もちろん日本政府としても手をこまねいていたわけではありません。デジタル化を推進するべく、2000年頃からさまざまな手を打ってきました。たとえば1998年施行の電子帳簿保存法、2001年施行の電子署名法。2005年には「e－文書法」が施行され、これまで紙媒体での保存が義務付けられていた多くの書類について、スキャニング画像でのデータ保存を容認しています。

2014年にはJIPDEC（日本情報経済社会推進協会）が先頭に立ち、「電子契約元年」というスローガンを掲げて、電子契約の普及に取り組み、建設や金融、不動産をはじめとする大企業で、電子契約の運用が進められています。「電子契約では印紙税は不要」という行政側の見解が市場にも認知された結果でしょう。つまり会社間での契約書のやりとりをペーパーレスで行うと、従来のように印紙を貼る必要がない、というわけです。印紙が不要になればその分のコストがカットでき、企業にとってはメリットになります。

さらに2016年からは電子帳簿保存法・スキャナ保存制度と立て続けの規制緩和が行われました。領収書、請求書など紙で授受された帳票がデジタル化される要件を緩和したものです。なんと一定の要件を満たせば、スマートフォンで撮影された画像データを保存すれば、紙の廃棄が可能となったのも最近です。また中小企業を対象にした「IT導入補助金」も、2018年度の目的に「書類の電子化」と掲げられているのも、ペーパーレス社会を構築するうえで企業にとって大きな助けとなるでしょう。

もちろん、これら行政の後押しは、まだまだ満足できるレベルではありません。日本には法律で「紙での保存」が義務付けられている記録や書類がまだまだ多く残っていますし、規制緩和が立ち遅れている分野も存在します。

ですがペーパーレス化への流れは今まで以上に強まり、継続することは間違いありません。その流れに乗り遅れないためにも、すべての企業が今すぐにペーパーレス化に舵を切るべきだと私は考えています。

## ◆二極化する「企業格差」に勝ち残るために

これから少しずつお話ししますが、ペーパーレス化には多くのメリットがあります。その具体例をあらためて見てみると、「ペーパーレス化に向かわない理由はない」

という気がします。私自身そう思っていますし、数々のメリットを理解しながら情緒的な理由で「いや、まだウチは……」と二の足を踏む経営者の方々には、少々残念な思いも感じています。

ですがペーパーレス化の潮流は、止まることはありません。それがいつになるかは分かりませんが、ほとんどすべての企業がペーパーレス化を実現している、という状況は、必ずやってきます。

思い出してみてください。過去、ビジネスシーンでの連絡手段は電話とファックスでした。「電子メール」が登場しても、旧来の通信手段に固執する人は少なくなかったはずです。「電話なら、リアルタイムで直接話せる」「相手の温度感が分かりやすい」そうしたメリットは確かにあります。ですがいつしかメールが標準的なコミュニケーションツールになりました。現在、メールを一切使わないというビジネスパーソンは、ほぼゼロでしょう。近年ではメールも手間がかかるとばかり、SNSやチャットツールに取って代わられつつあります。

技術は常に進化しています。デジタル分野では特に顕著で、短期間のうちに次々と新しい技術が開発され、より便利で効率的なツールやサービスが市場に投入されています。そのすべてを追いかける必要はないでしょうが、ビジネスを加速させてくれるＩＣＴ技術から目を背けるのも愚かなことです。

新たなものに触れるとき、人は半ば本能的な不安を抱くものです。新しい会社、新しい住まい、経験したことのない仕事、仕組みやルール。それらに直面したときに感じる不安は、半ば恐怖感といえるでしょう。そのため「現状でも別に問題はないから」などと、尻込みしたくなるものです。

ですがペーパーレス化についていえば、そんな理由でおじけづいている場合ではありません。ペーパーレス化に踏み込むかどうかで、企業の生産性は大きく変わっていきます。一歩を踏み出すかどうか、それによって今後の業績が変わってくる……それほどの違いを生むのです。

未だ低迷する国内景気、まだ数年は続く人手不足など、企業を取り巻く環境に好材料はほとんど見られない状況の中、業務の効率化をいかに図るかが「生き残れるかどうか」に直結します。効率化を果たせるかどうかによって、企業の「格差」が生まれ、さらに広がっていくでしょう。そのとき、勝ち組に居続けるための第一歩。それこそ、ペーパーレス化への移行なのです。

## ◆すでに大手ゼネコン、メガバンクがペーパーレス化に着手

ペーパーレス化は企業規模が大きくなればなるほど、その効果も大きくなります。そうしたこともあって、すでに大手ゼネコンではほとんどの企業で電子契約を採り入れています。

建設業界でもスーパーゼネコンと呼ばれる大手は、扱う金額もけた違いです。ある会社はペーパーレス化システムの導入によって、年間3億円もの印紙税の削減を果たしたと聞きました。またゼネコンは下請け業者が非常に多く、しかも多岐にわたりますから、ペーパーレス化がより広範囲に広がっていくことも期待できます。

またメガバンクもペーパーレス化の一つ、電子契約に踏み切りました。こちらは少子化による人材不足、将来的な競合の動きを見据え「今のうちに効率化・合理化を図っておこう」という思惑があったようです。いずれにせよ、全業種の中でも最もセキュリティに厳しい業種の一角であるはずの金融機関、それも日本を代表するメガバンクがペーパーレス化に舵を切ったというのは、非常に大きなニュースでした。

この一連の動きが追い風となって、さらに多くの業界、多くの企業にペーパーレ

ス化の風が吹いてくれれば……と思っています。

## ◆ICT、AIは人の仕事を奪わない

前項でお話ししたメガバンクのペーパーレス化導入には、実はネガティブな話もつきまとっています。日本のメガバンク3行が揃って大規模なリストラ策を発表したのです。その総数は3行でおよそ3万2000人。雇用についてはこれまで抜群の安定感を誇ってきたメガバンクですが、ここにきてまったく油断ができない状況になってきたのです。その要因となっているのが、デジタル化の波です。

銀行での実務がICTによって自動化・簡略化されれば、そこに「人の手」はいりません。また銀行業では花形であるはずのディーラーやトレーダーといった職種にしても、膨大なデータをもとに心理的影響を排除して判断するAIのほうが、人間以上に優秀だという声もあります。さらにはRPA、ブロックチェーンなど新たな技術も登場しています。そう考えると、ICTやAIによるデジタル化、ペーパーレスによる効率化を推し進めることは、人の仕事を奪うことにつながるのではないか？　という疑問も生まれます。

確かにデジタル化によって、これまで人の手で行われていた作業が機械任せになる、というケースは多々あります。それによって「人の仕事がなくなる」という表現も、間違いではないかもしれません。

ですがデジタル化……ことにペーパーレス化について言うならば、これまで無駄に使っていた時間と手間を、他の作業に振り向けることができるのです。むしろ「今まで以上に仕事ができる」ということになるのではないでしょうか？

また機械的に判断できる作業や単純作業をＩＣＴに肩代わりさせれば、人は人にしかできないクリエイティブな作業を行えるのです。これは「人の能力をさらに活かす」ことにつながりませんか？

「でも、誰もがクリエイティブな仕事ができるわけでもないし……」というならば、ペーパーレス化によって空いた時間を、本人に自由に使ってもらうのも良いのではないでしょうか？　たとえば、今まで8時間かかっていた仕事が6時間で済んだなら、空いた2時間は本人に自由に使ってもらうのです。早く帰って家族との時間に当てるも良し、趣味を楽しむ時間にするも良し、資格取得や勉強の時間に費やすのも良いでしょう。それによって心身をリフレッシュできるなら、本人のモチベーションアップにもつながり、生産性の向上にも貢献するのではないでしょうか？

何らかの変化が起こるとき、そこにはプラスとマイナスの要素が必ずあります。「良いことづくめ」ということは、滅多にありません。デジタル化・ペーパーレス化にしても、マイナス面はあるでしょう。

ですがネガティブな面だけを一面的に捉えていては、最善の結論は引き出せません。ポジティブな面にも目を向け、それを活かす方策を考えてみれば、変化によるメリットはいくらでも作り出すことができるのです。

## 1-2 今こそペーパーレス化に向かうチャンス！

### ◆段階を踏んでペーパーレス化を進めよう

私がペーパーレス化の推進を訴えるのは、まさに今がペーパーレスへとシフトしていく絶好の機会だと考えるからです。

少子化によって今後も人材不足が続く中、日本企業は軒並み業務の効率化を迫られています。短時間で、より有益な業務を数多くこなし、利益を上げていく。それができるかどうかによって、企業の成績は大きく左右されていきます。生死を分けてしまう、と言っても過言ではないでしょう。そして業務の効率化は一朝一夕で達成できるものではありませんし、何かのツールやシステムを入れたからといって、実現できるものでもありません。業務全体にわたる、幅広い範囲で効率化を考えなくてはならないのです。

何度も言いますが、ＡＩ、ＲＰＡ、ブロックチェーンなど、ＩＣＴ環境は大きな規模でかつスピーディーな速度で変革していきます。それらの変革に対応するためには、何は無くとも前提として、ビジネスデータをペーパーレス化・電子化することが大前提になります。

ただ、ペーパーレス化には時間がかかります。時間というよりも、数段階のステップを踏んでいく必要があるのです。

## 【ペーパーレス化のステップ】

①資料や通知など、社内で使う資料をデジタル化する
②社内での保存用書類をデジタル化する
③税務書類や各種申請書、届出書などをデジタル化する
④他社とやりとりする書類をデジタル化する

まず会議用の資料や回覧など、日常的に社内で使う書類をペーパーレス化し（①）、次にこれまで書類として保存していたものをペーパーレス化します（②）。次に行政とやりとりする税務書類などをペーパーレス化して（③）、さらに他社と取り交わす書類もペーパーレス化していきます（④）。当然、法的要件をすべて具備した形、デジタルデータを原本化した状態でです。

①は最も手軽に始められますし、②もさほど難しいものではありません。③については、まだまだ遅れている面はあるものの、税務関係の届出などはペーパーレスで手続きできるよう、行政の対応が進んできました。④は相手があることなので簡単ではありませんが、まずは見積書や提案書、請求書あたりからペーパーレス化を

進めていって、ゆくゆくは契約書もデジタル化できると良いでしょう。
企業の効率性、生産性を高めたいという狙いもあって、政府は積極的にペーパーレス化を推進しています。法的な制度整備もされていますし、ペーパーレス化により印紙税が不要になるなど、メリットも用意されています。

## ◆ペーパーレス化のメリット

ペーパーレス化によって何が変わるのか。どのようなメリットが生まれるのか。本書の冒頭でも触れましたが、ここであらためて整理しておきましょう。

【ペーパーレス化によって生まれるメリット】

・経費削減
・生産性の向上
・内部統制の強化

この三つは、ペーパーレス化によって生まれる最も大きなメリットです。しかも、それぞれがお互いにリンクする部分も持ち合わせています。
では具体的にどのようなメリットがあり、どのような変化が起こるのか。その具体例を、それぞれに見ていきましょう。

### ◆ペーパーレス化でコスト削減が実現！

ペーパーレス化で得られる最も分かりやすいメリットが、コストの削減です。これには直接的なコストと間接的なコストがあります。

【直接的なコスト】
印紙税、プリンタの稼働数（用紙・インク）、紙での流通コスト、保管コストなど

【間接的なコスト】
各種書類の作成・管理に関わる人件費

これだけ？　と思われるかもしれませんが、これはあらゆる業種、ほとんどの企

業で実感できる、ペーパーレス化によるメリットでしょう。「プリンタの稼働が減る」あたりは「その程度のことを……」と思われるかもしれません。ですが状況によっては、これも決して馬鹿にできないレベルの話になります。

たとえば医薬品開発の現場では、多くの試験・治験を繰り返して製品化を進めますが、その過程で提出する報告書が、今もデジタル化されていないそうです。そしてその紙の量が、年間換算すると山一つを丸ごとはげ山にしてしまうほどの、膨大な木材を使っている、といいます。この件についてはさすがに時代に逆行しますから、各種のデータを電子保存するよう、厚生労働省が制度作りに動いているところだそうです。

紙を多く扱う会社では紙のコスト、それを流通させるための切手代などの通信費、紙を保管するための地代や外部倉庫を使用する際のコストなどが、かなりの金額になるのではないでしょうか？

また企業規模にもよりますが、企業がより直接的に実感できるのが印紙税でしょう。高額な印紙税となると金銭消費貸借契約、不動産売買契約に関するものです。

会社間での取り交わす書類……たとえば契約書、中でも金銭消費貸借契約や不動産売買契約などには、高額の印紙の貼付が義務付けられています。契約金額によって額面は異なりますが、決して安いものではありません。契約件数が増えていけば、積もり積もってかなり大きな金額になります。大手の不動産会社などでは、年間数億円に達することも珍しくありません。

ところが電子契約では、印紙の貼付が不要なのです。そもそも印紙は「紙の原本に貼るもの」であって、紙の原本を作らない電子契約では貼付の必要はありません。1年間に印紙税として支出している金額は会社によって大きく異なるはずですが、ここが削減されるというのは大きなプラスです。

行政側としては、ペーパーレス化によって印紙税収入が減ってしまうのは一時的には痛いことかもしれません。ですが「印紙税が不要」というメリットによってペーパーレス化が多くの企業で実践され、コストを削減して事業の効率化を果たせば、企業の生産力は向上し、売上が伸び、税収も増える……ということになります。さらにそれが国全体に広がっていけばどうでしょう?

一企業だけでなく、国全体が活力を増していく。それがペーパーレス化によって実現するのです。

## ◆「間接的なコスト」を意識してみよう

前項で挙げた「間接的なコスト」ですが、これは数字に表れるものではありませんので、意識しにくいかもしれません。ですがこの間接的コストこそ、業務効率化のポイントです。

たとえば紙の書類は、現物をどこかに保管しておかねばなりません。進行中の業務資料であればデスクの上にポンと置いておけばいいでしょうが、あまりに数が増えてくると「どこに何があるのか分からない」ということになり、探し回るのに10分かかった……ということが起こります。この10分間は、明らかに人件費の無駄使いです。

また契約書などの重要書類は金庫や鍵付きのキャビネットに保管しておくことになりますが、そこが総務の奥まった一室であれ資料室であれ、そこまで持って行かなくてはなりません。さらに閲覧制限がかけられている重要書類となると、閲覧申請をして、承諾を受けて、担当者の立会いのもとに書類を出して……という、厄介な手続きを踏むことになります。この一連の作業にもすべて、人件費がかかっているのです。

それよりも、最初から情報をデジタルデータとしておき、アクセス権を設定したほうが、はるかにスマートですし手間と時間の削減にもなります。もちろん金庫も鍵付きのキャビネットも不要ですし、書類を閲覧するのにわざわざ第三者が立ち合う必要もありません。ペーパーレス化によって、書類の管理に関わるコストを限りなくゼロに近づけることができるのです。

## ◆無駄な時間と手間を排除し、作業効率が向上する

役員クラスは別として、現場に近いビジネスマンは資料や書類の作成に手を取られることが多いものです。

ミーティングの資料を印刷して綴じ、参加者に配る。顧客資料をまとめてプリントし、保管しておく。営業実績をプリントにまとめ、上司に報告する。各部署から渡される資料に目を通し、書き込む……。私の聞いたところでは、日本のビジネスマンが「紙に触れている時間」は、1日3時間にもなるそうです。もちろん、その時間すべてが無駄だというわけではありませんし、資料を読み込む時間などは、ペーパーレス化したからといってゼロになるわけでもありません。

ずです。
ですが現状と比べれば、その時間はペーパーレス化によって大幅に削減できるは

また別の調査では、ビジネスマンが仕事中の「探し物」に費やす時間は年間150時間にも及ぶといいます。これは「書類に触れる時間」とは異なり、まったくの無駄な時間です。1日の就業時間を8時間とすると18・75日。ほぼひと月分の出勤日数に相当する時間を無駄にしている計算になります。

日本では未だに多くの書類が紙媒体で管理されています。そのため検索性が悪く、「あの資料、どこにあったっけ？」とデスクやキャビネットを探し回ることもしばしば。顧客ごと、あるいは種類ごとにファイルで分類してもかさばりますし、「その他」のファイルばかりが増えてしまう……という結果になりがちです。

ここをデジタル化すれば検索性は一気に高まり、目当てのファイルに一瞬でたどり着くことができます。空いた時間を別の作業に使うことができ、時間も手間も削減され、業務効率を高めることができるのです。

今、日本企業のほとんどは慢性的な人手不足に陥っています。少子化が進み、若

い働き手の絶対数は減るばかり。総務省統計局が発表している人口ピラミッドを見ると、2015年の時点で20歳から15歳までの人口がほぼ横ばい状態、14歳から0歳までの人口は年齢が若くなるほど減少傾向で推移しています。

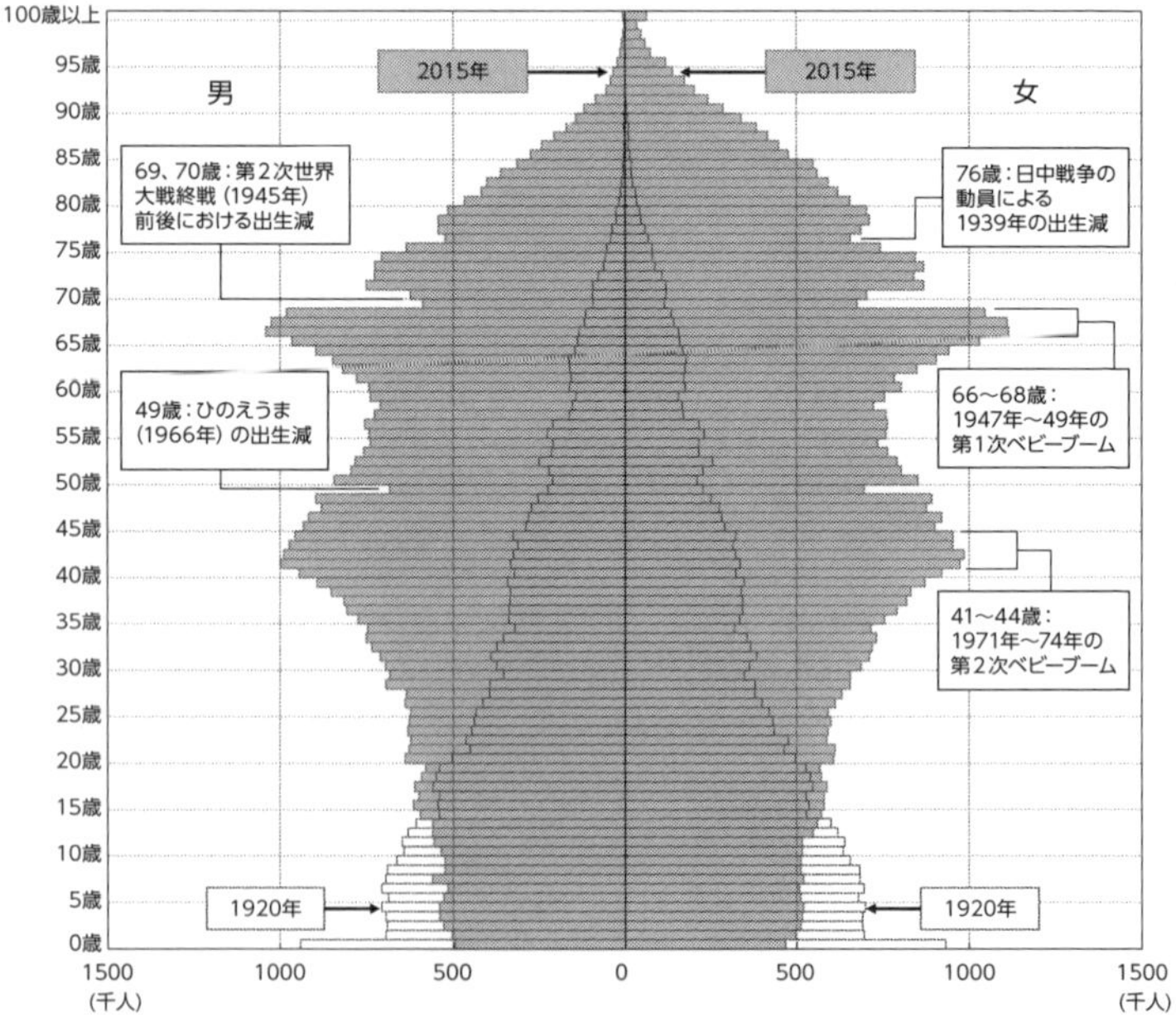


日本の人口ピラミッド
（「平成27年（2015年）国勢調査（抽出速報集計）」総務省統計局）

2018年の時点ですでに人材不足は深刻ですが、あと5年もすれば今以上に新卒人口は減り始め、人材不足にさらに拍車がかかるということになります。

この状況で、これからどうやって業績を上げようというのでしょうか？　今、エネルギッシュに客先を走り回っている中堅営業マンは、10年、15年後も同じように動けるものでしょうか？

その点を考えただけでも、あらゆる場面での効率化は必須だと気付くはずです。

そのためにはペーパーレス化の導入が必要不可欠なのです。

## ◆ペーパーレス化すればセキュリティも手間いらず

程度の差こそあれ、企業には「閲覧・操作できるメンバーを限定したい」という機密情報があるはずです。「機密」というとてもいかめしい表現ですが、社員の給与額や人事評価などは簡単に知られてはいけない情報ですし、他社との提携や合併に関する情報など、経営トップとその案件に関わるごく少数の人間以外には知られてはいけない情報もあります。

これらの情報を紙媒体で管理しようとすると、かなりのコストと手間がかかってしまうのはすでにお話しした通りですが、ペーパーレス化を実現すれば、最初の設定で万全の体制を敷くことが可能です。セキュリティの万全なサーバーにデータを保管しておき、必要なメンバーにのみアクセス権限を与えておけばそれで良いのですから。

「でも、デジタルデータだと流出の危険があるじゃないか」

そうした考えを持つ方もおられるでしょう。確かにその懸念はもっともです。報道を見ていると、外部からのハッキングだとか攻撃だというニュースが目立ちますが、実は情報セキュリティ事故の大半は「内部犯行」です。社内の人間がUSBを使って会社の機密情報を抜き取り、転売する、または自らの利益のために利用するといったことが起きています。また、紙で保存された書類の誤廃棄や盗難も多く、デジタルだとか紙であるとか関係なく事故は起きています。しかも紙の文書が盗まれた場合や誤廃棄や無断でコピーがとられたとしても、エビデンスが残りづらいため、盗まれたことや情報がなくなったこと自体に気づかないこともあります。紙がデジタルデータよりも安全かというと、一概には言えないのです。

「紙の方が安全だ」という考え方は、もはや非常識であると、私は考えます。

## ◆デジタルのセキュリティは飛躍的に向上している

インターネットの草創期には、不正アクセスによる情報流出がひんぱんに起こっていました。ですがデータを守るセキュリティ技術も、日進月歩で進化しています。ことに顧客からのデータを預かるデータセンターでは、考えられる限りのセキュリティとバックアップ体制を整えています。彼らにとっては何が起こってもデータを守る堅牢性と信頼性が、そのまま自社の価値になるのですから、そこには充分以上の手間とコストをかけます。各企業が自前で用意する「自社サーバー」の比ではありません。

またエストニアのICTインフラの基幹を支える「ブロックチェーン」という技術も、デジタルデータの信頼性確保に大きく貢献しています。

ブロックチェーンについて語るとそれだけで一冊の本になってしまうのですが、その概略を述べると、多くの情報をひとまとまりのブロックにまとめ、それを鎖のように連結させたひとつながりのデータを作ります。

各ブロックの中にはそのブロックがいつ作られたかを示すタイムスタンプが捺され、どのブロックと連結しているかの情報が暗号のような数値となって記載されて

# ブロックチェーンとは

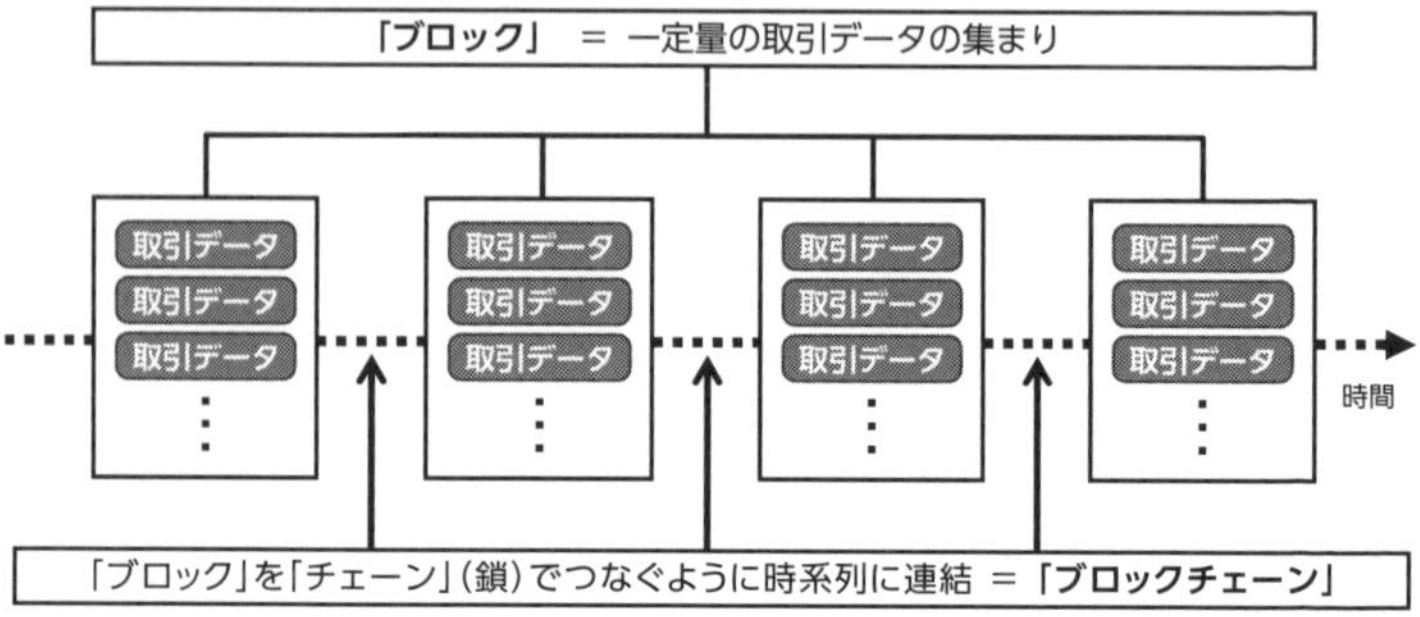


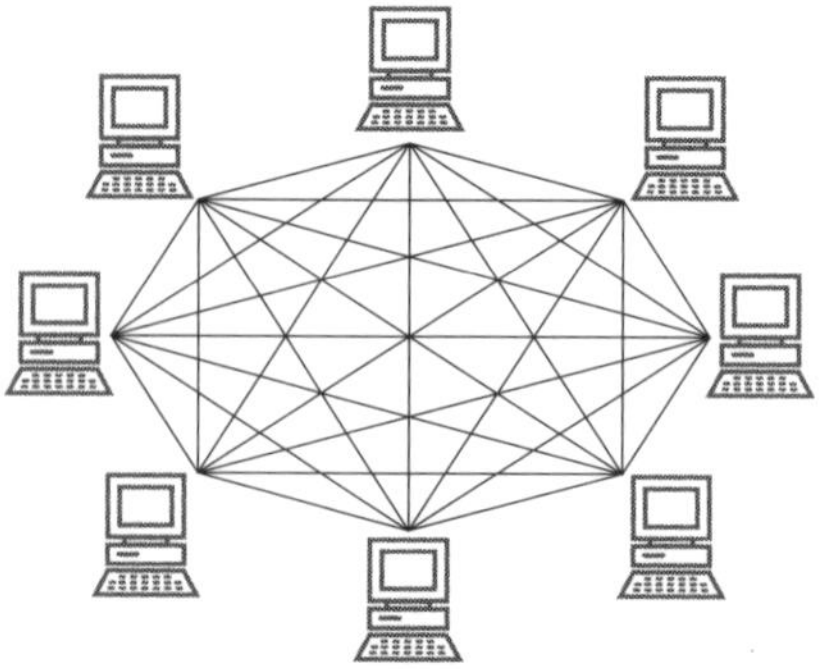

- ブロックチェーンのトランザクションは、「P2P(Peer to Peer)」という仕組みによって分散管理される。
- 分散管理することにより、システム障害に強く、ハッキングや人為的ミスなどによる情報漏えい、消失リスクを低減。

**ブロックチェーンは、今後のインターネット上にてセキュアな取引を行うための基盤技術として注目されている。**

ブロックチェーン

います。もしもブロック内のデータを改変すると、この連結部分の数値がまったく違うものに置き換わってしまうため、データ改竄《かいざん》されたことがすぐに分かります。アクセスログを併用すれば、その改竄を「いつ・どの端末から行ったのか」ということも明らかになるでしょう。

このブロックの連鎖を複数のサーバーで共有しておけば、中央集権的な管理者が不在でもデータの信頼性と安全性を保つことができる、というわけです。

ブロックチェーンから発展したスマートコントラクトなら、文字通りさらにスマートで能動的です。この場合、決済や所有権移転などの取引がなされると、その内容がデジタルデータとしてブロック内に保持されます。そして問題なく取引されれば、自動的に決済や所有権移転が行われます。決済機関も手続きをする者も不要になってしまう世界です。

このように、新たな技術は次々と開発され、デジタルデータの安全性は今も向上し続けています。紙媒体で情報を管理・保管していても、それがコピーされたり改竄されたりという可能性はありますし、そうなった場合、デジタルデータのように追跡することができません。しかし十分なセキュリティをかけた上でデジタルデータで管理・保管すれば、データの改竄に対して抜群の強度を発揮します。近年、日本では省庁や大企業でのデータ改竄という不祥事が頻発していますが、ペーパーレス化によって、そうした不祥事を抑え込むことも可能です。

財務省での文書改竄問題に関しては、２０１８年3月19日の参議院予算委員会でも取り上げられ、安倍首相自身が行政文書の電子決裁について「誰がいつアクセスし、どのような更新を行ったか、すべての履歴が残ることになるため、決裁文書を適正に保存する観点から有意義」と答弁しています。

「安全性」を追求するのであれば、「ペーパーレス化」は避けて通れない道なのです。

# 第二章

# ペーパーレス化で変わる、新たな社内環境

## 2-1 革命的な変化を起こすペーパーレス化

### ◆ペーパーレス化は「産業革命」だ！

私たち人類はその知恵と努力を傾けて、多くの変革をもたらしてきました。中でも産業の分野では、数度にわたって歴史的な変化を起こしています。

蒸気機関の発明は工場の動力源になるだけでなく、蒸気船や蒸気機関車を生み出し、海と陸の交通を大きく発展させました。石油と電力の利用は世界を明るく、スピーディに変える力を発揮しました。さらにＩＴの登場により、ビジネスは急速に加速し、私たちの生活はより便利で快適なものになりました。

ペーパーレス化は、これら一連の変革に匹敵するものであり、まさに「産業革命である」と私は捉えています。

ですが一連のできごとを振り返ってみると、そこに大きな違いがあることが分かります。それは、変革のスピードです。

最初の変革である蒸気機関は、17世紀頃から多くの試作品や模型が作られ、実用化されたのは18世紀に入ってから。それが船や機関車として広く普及するようになったのはさらに後で、実にゆっくりと発達・浸透していきました。石油や電力にしても、おおよそ100年ほどかけて実用化され世界中に普及していきました。つまり、人々が十分についていけるスピードで、変化が進んでいったのです。

ところがＩＴの登場によって、この変化のスピードが様変わりしていきます。

## ◆急速に進行したＩＴ革命

インターネットが登場し、それとともに一般家庭にＰＣが普及してきて、多くの人々にとってＰＣが身近なものになりました。同時進行で通信インフラが整備されていくと、多くの企業がネットを使って情報発信したり、商品の販売やサービスの提供を行うようになりました。「ほしい情報がすぐに見つかる」「家から出ずに買い物ができる」その便利さに人々は惹きつけられ、それがさらなるネットサービスの充実へとつながっていきました。

この循環が短期間のうちに行われたのがＩＴ革命でした。その流れは今も休むことなく動き続け、ペーパーレス化への波となってビジネスシーンに押し寄せています。

この急速なスピード感についていくのは、少々たいへんかもしれません。ですがここを乗り越えられるかどうかで、その先に大きな開きができてしまうでしょう。

ここ数年、日本では「所得格差」という言葉がひんぱんに使われています。国民全体の貧富の差が広がり、二極化しつつある、というのです。これを他人事のように感じていてはいけません。企業でも「変革の波に乗れるか乗れないか」によって、その先に大きな格差が生まれる可能性があるのです。

### ◆改革を目前にしたら、意識の変革を

少々、脅かすような物言いをしてしまいました。ですがこれは、皆さんに危機感を持っていただきたかったからです。

私は企業のペーパーレス化について講演会や講習会を行ったり、経営者の方々に個別にお会いしてお話ししたりする機会がとても多いのですが、ほとんどの方が、私の話を理解し、賛同してくださいます。

「確かにそうだ、今後はそういう社会になるな」

ところが実際にアクションを起こすかというと、皆さんなかなか腰が重いのです。なぜなのでしょう？　すでにお話しした「日本的情緒」もあるのでしょうが、そこには「意識の変革ができない」ということも影を落としているかもしれません。

何らかの大きな変化を受け入れるとき、人は意識の変革を迫られます。

「買い物は地元のスーパーで」という意識を持つ人にとっては、ネット通販など思いもよらないでしょう。「わざわざ送料を払ってまで、馬鹿らしい」と思うかもしれません。ですが地元のスーパーに置いていないものが欲しいとなれば、この人は電車に乗って、大きなショッピングセンターまで買いに出かけるのです。電車賃と時間を使って。そしてあれこれ探し回ったあげく、ようやくお目当ての品物を見つけ、再び電車で帰ってきます。

それならネットで検索して買ったほうが、はるかに効率が良いではないですか。ほんの数分で買い物が終わりますし、空いた時間で別のことができます。

ＩＴ革命とペーパーレス化への変革は、きわめて短期間のうちに起こりました。そのため多くの経営者が、意識の変革が追いつかないまま「導入したほうが良いことは、分かっているんだが……」とばかり、為す術なく右往左往しています。

まずは、その意識を変えることです。
今後も企業として生き残るためには、業務の効率化は不可欠だ。そのためにペーパーレスの導入は必須だ。そこまで理解できれば、「ペーパーレス化は必然の流れだ」と感じ、その一歩を踏み出さない理由はない、と考えるはずです。

## 2-2 情報が見えれば、業務の流れが見える

### ◆情報を見える化して、スムーズな流れを作る

ペーパーレス化は情報のデジタル化でもあります。そして情報をデジタル化すると、さまざまなことが見えてきます。

【業務が滞っていないか?】

複数人の承認が必要な案件では、その案件が「どこで止まっているのか」がすぐに分かります。本来ならば早々に確認・承認の手続きをしなくてはならないのですが、内容確認を面倒がって、ついつい手元に置きっぱなしになってしまう……。そうしたことはよくあるものですが、情報がデジタル化されると「また○○課長のところで止まってるよ」などといわれかねません。さらにはデジタル化では閲覧履歴も取れます。「○○課長、先週の申請書、まだ見てくれてないんですか？」など部下からいわれるのは、あまり格好のいいものではありません。

## 【内部統制は効いているか？】

部長の承認が必要な案件で、本来ならば△△部長の印鑑が必要なのに、別の部の部長から印鑑をもらう……。アナログ文書では、このようなこともしばしば起こるようです。ですがデジタルならば、そのようなごまかしがききません。

## 【コンプライアンスは守られているか？】

企業にとってコンプライアンスは非常に重要なもので、決しておろそかにはできないものです。すべての情報がデジタル化されれば、コンプライアンスを監視する上でも、取り決めたルール通りに業務が流れているかを、一日で確認することができるようになります。

良くも悪くも、デジタル化は企業の姿をそのままに、正確に反映します。それが「困る」という人も、中にはいるかもしれません。頑張って仕事をしているつもりでも、実はその働きが業務の効率化に結びついていない。知ってか知らずか、仕事の流れを止め、業務スピードを殺してしまう。……こうしたことをしでかしてしまうのは、ごく一部だと思いたいものです。

ですが彼らに配慮してペーパーレス化を思いとどまるというのは、本末転倒です。むしろペーパーレス化の導入によって、彼らが日々積み重ねている無駄や小さなごまかしが、いかに大きな損失につながっているかを認識させ、意識をあらためさせるための良い機会にできるのではないでしょうか。

## ◆グレーな取引がペーパーレス化にブレーキをかける？

ここまでお話ししてきて、私にはどうしても心に引っかかるものがあります。多くのビジネスマン、多くの経営者がペーパーレス化の利点を理解しているのに、なぜそれが進んでいかないのか。それは経営者や現場の人々が持つ「日本的な情緒」であったり、新たなことを手がけることへの不安であったりするのだろうと私は思っています。

ですがそれとは別に、前項でお話ししたような「仕事をしたつもりになっている人たち」や「業務を止めてしまう人たち」が、意外と多いからだということはないでしょうか。そしてあるいは、企業そのものが「隠しておきたい部分」を持っているからではないでしょうか。

私は公認会計士・税理士という職業柄、幅広い業界の方々とお付き合いをいただき、数多くの企業の内情に触れてきました。そしてどのような業界、どのような企業であっても、もしその気になれば、本来の利益を圧縮して見せたり、支払うべき税金などを免れる方法があることも知っています。

こうしたことを日常的に行っている企業が、もしもペーパーレスを導入したらどうなるでしょうか。すべてがガラス張りになってしまうと、何もごまかしがききません。それまで企業が行ってきたグレーな取引やグレーな処理が、すべて明らかになってしまいます。そうした理由でペーパーレス化が進まない、という面はないでしょうか。

誰でも、我が身は可愛いものです。少々グレーな手法を使っても、会社の利益を守りたいという気持ちは理解できます。ですが日本経済全体を見回したとき、自社の利益などごく小さなものに過ぎません。そのちっぽけな利益のために旧態依然とした体制から抜け出せず、次々と押し寄せる時代の波に乗ることもできず、むしろそこから目を背けていては、やがては自社の存続さえも危うくするでしょう。そして日本経済はいつまで経っても回復せず、遠からず発展著しい新興国の後塵を拝することになるでしょう。

そうなってから気付いても遅いのです。

## ◆電子政府のもう一つのエピソード

ここでもう一つ、電子政府にまつわるエピソードをお話ししましょう。

エストニアが電子政府を目指したのは、国家と国民を存在させ続けるためでしたが、ブロックチェーンを用いたデータの共有については、さすがに賛否両論だったそうです。

この技術を導入すれば行政サービスはもちろん、民間からも多くのＩＣＴサービスの参入が期待でき、無駄を削り落とした高効率な社会が実現できます。その一方で、財務や税務はガラス張りになり――もちろん、強力なセキュリティのため他人の情報を勝手に見ることはできませんが――結果として「ごまかし」ができなくなります。企業でも個人でも、わずか数分で納税ができる便利さの代わりに、収入や支出の情報をシステム上に明記することになります。

効率を犠牲にしても、隠したい部分を残すのか。あるいは、あらゆる情報を必要に応じてオープンにできるようにし、高効率な社会を目指すのか。エストニアの国民は、後者の道を選びました。そしてエストニアをモデルとして、現在いくつかの国々で電子政府構想が進められています。

そのうちの一つ……具体的な国名は伏せておきますが、その国では官僚の腐敗が激しく、行政への信頼が失墜していました。土地の登記内容が役人によっていつの間にか書き換えられてしまい、他人のものになっていた……ということもしばしば起こっていたそうです。

本来なら登記を管理し、守る側の役人が不正を働くのですから、どうしようもありません。「あの土地は俺のものだ！」といくら主張しても、改竄《かいざん》された登記簿を見せられて「書類ではこうなっている。おかしなことをいうな」で終わりです。改竄の証拠はなく、不正を暴くこともできません。

こんな社会を放置しておいてはいけない。だったら企業も個人も、すべての情報をシステムに預けて、その上で強固なセキュリティをかけ、不正があれば追跡できる仕組みを作り上げればいい……。人々はそう考え、また政府も失った行政への信頼を取り戻すため、エストニアにならって各種制度やインフラの構築を始めていると聞きます。

世界が模範とするエストニアのシステムは国民から大きな信頼を得て、今や人々の生活とともに、国家の発展をも支えています。ですが世界最先端のペーパーレス国家の成立には、先進的なアイデアと技術に加えて、国民一人ひとりの強い意志が不可欠なのです。

## ◆ペーパーレス化が意識も慣習も変える

日常的な業務から会社同士の契約まで、私たちは今も多くの書類を使っています。その中でときおり「過去に遡って書類を作成する」という必要に迫られることがあります。いわゆるバックデートです。

会社同士の契約書でも、こうしたことは起こります。トップ同士が合意して話はまとまったものの、細部を詰めるのに時間がかかり、最終的な合意に至ったのは予定の期日を大幅に過ぎたあとだった……。こんなとき、とりまとめた合意内容を盛り込み、すでに過去になってしまった予定の日付で契約書を作る。このようなことが、しばしば行われています。

情報がすべてデジタル化され、ペーパーレス化されてしまったら、このようなことはできません。そのために「それは困る」とばかりペーパーレス化が進まない、ということになっているのかもしれません。

ですが冷静に考えてみると、これはおかしなことです。

本来、契約開始となる日付と契約書を作った日付が異なるのなら、それを書面上に明記しておけばいいことです。無理に過去に遡ってまで、日付を合わせる必要はありません。この点、欧米で一般的な契約書には「契約日」のほかに「効力発生日」が記載され、こちらの方が重視されます。大切なのは「この契約がいつから有効なのか」であって、それを書面で確認した契約日はさして重要視されていないのです。ですから二つの日付が大きくズレていても、誰も気にも留めません。

ところが日本ではなぜか、こうしたズレを嫌います。その背景には契約日を唯一のものとして重視する意識と、そこから生まれるビジネス上の慣習が強く作用しているからでしょう。そうした強いプレッシャーに押されて現実をねじ曲げるということが、当たり前のように行われています。

世間には至るところにさまざまな慣習が残っています。それは決して悪いものではなく、暗黙の了解のうちに人々のコミュニケーションを円滑にする、潤滑油の働きも果たしてくれます。

ですが古い慣習にとらわれるあまり、進化に乗り遅れてしまうのは問題です。まして、効率化が早急の課題となっているビジネスシーンでは、それは致命傷にもなりかねません。

まずは私たちを取り囲んでいる慣習を見直し、その根源となっている一人ひとりの意識を変えていくことです。ペーパーレス化はそのための起爆剤になりますし、また意識の変革なくしてペーパーレス化を進めることはできません。

## ◆デジタル化で業務の透明度がグッと高まる

エストニアの例でも分かるように、情報をすべてデジタル化することは情報の透明度が一気に高まるということです。同時にデジタルデータは検索性に優れますから、必要な情報に瞬時にアクセスすることができます。しかもその情報はきわめて正確なデータです。改竄されていればその痕跡が残りますから、不正なデータだとすぐに分かりますし、アクセスログを検証することで、どこで改竄されたかも追跡できます。

ここ数年、省庁や企業での内部書類が改竄される事件が立て続けに明らかになり、謝罪会見がひんぱんに開かれてきました。そのたびに担当者が「早急に事実関係を明らかにするべく調査中でございます……」などと平身低頭しているシーンを目にしますが、すべてのデータがデジタル化されていれば、ログを追いかけるだけで「いつ、誰が、どのように書き換えたのか」がすぐに分かります。

紙媒体による保存、人の手と目による管理では、とてもこうはいきません。一枚の書類に記された情報が果たして最新のものかどうか、確認するすべはありませんし、改竄されているかどうかを確かめることもできません。デジタルのような検索性は望めませんから、目指す情報を探して書類の山をひっくり返さなくてはなりません。このような環境を、いつまでも放置していてはいけないでしょう。

本章の冒頭で、私はペーパーレス化を「産業革命」になぞらえてお話ししました。そして、この革命は急速に進行していくということも。新たなツール、新たなシステムが次々と生まれ、活用され、業務はどんどんスピードアップし、生産性は高まっていく。今、日本のビジネスシーンはそうした激流の中にいます。今こそ、その流れに乗るときです。

## 2-3 紙媒体とデジタルの垣根

### ◆情報はフローしストックされていく

私たちが日々触れている情報には、フローしていくものとストックされていくものとがあります。

フローしていく情報とは、ビジネス文書でいえば稟議書や提案書、報告書など、組織の中で共有し活用される情報です。ストックされる情報とはフローの結果の成果物である、議事録や契約書、各種の帳簿などで、記録として残しておく必要のある情報です。

このうちフロー情報については、デジタル化が圧倒的に有利です。データファイルをサーバーに置いておけば誰でも閲覧することができますし、情報の更新も簡単で、全員が最新の情報を手にすることができます。そのたびにプリントして全員に配って……などという手間がいりません。稟議書にしても、書類で確認して捺印して次の担当者に渡して……とアナログで動かすよりも、ペーパーレスで行ったほうが、はるかにスピーディです。完全デジタル化とはいかないまでも、フロー情報のある程度をペーパーレス化している企業は、意外と多いかもしれません。しかしながら、電子帳簿保存法のスキャナ保存制度で求められる適正事務処理要件（＝内部統制）や会計監査上、今後求められるであろうデジタル化での要件など、法的要件を充足している会社はまだまだ少ないです。

一方のストック情報となると、今も紙媒体が使われているケースが多いと思われます。契約書や議事録、報告書や営業日報など、ファイリングしてキャビネットに並べてそれっきり……というケースがほとんどではないでしょうか。

経理関係の書類は特にその傾向が強いはずです。請求書や領収書、計算書などプリントされたものが多く使われていますし、紙での保存が義務付けられている書類も多々あります。そうしたこともあって「紙でストックする」という習慣からなかなか抜け出せません。

ですが紙はなにしろ場所を取ります。きれいにファイルするにしても、その置き場所がどうしても必要です。デジタルデータにすれば手のひらほどのハードディスクに収まってしまう情報でも、大きなキャビネットをいくつも並べなくてはなりません。しかも情報の検索性が非常に悪く、非効率的です。過去のデータを引用して二次利用するにしても、新たに入力作業をしなくてはなりませんから、手間がかかります。

江戸時代の商店であれば、大福帳一つで商売に関する情報管理をすべて賄えたことでしょう。ですが私たちはそんな時代に生きてはいないのです。

ストック情報である帳簿や帳票など紙で一定期間の保存を義務付けている法律は国内に298本あります。しかし、そのうちの251本が、一定の要件を満たせばデジタル保存でも良いとされています。このことは、今後のペーパーレス化・電子化の取り組みにおいて重要なポイントとなるでしょう。

## ◆歴史的記録媒体「紙」との決別

私たちが使っている「紙」の歴史は、その前身も含めると5000年ほど前まで遡るそうです。その頃から人は紙に記録し、紙で情報を交換してきました。人々は数千年の間、紙を情報媒体として活用してきたのです。

やがて技術が発達し、コンピュータが生まれました。すると記録媒体としてパンチカードや磁気テープ、ハードディスクやメモリが発明され、どんどん小型化・大容量化されていきました。同時に記録された情報を表示するモニターも高性能になっていきました。そしてインターネットの登場とともにＰＣが爆発的に普及し、スマートフォンまで登場しました。

今や私たちは片手に収まるデバイスを通じて、世界中から情報を取り寄せ、おびただしい数の書籍や写真や音楽や書類を、そこに納めておくことができます。そして、それが当たり前のことだと思っています。

私たちが日々扱う情報は、すでに膨大な量に達しています。それはネット時代が到来した20世紀末から２０００年にかけて急速に膨らみ、その後も増え続けているように感じます。以前、ネット上で「現代人が１日に接する情報量は、平安時代の一生分」というような記事を見ましたが、私たちの身の回りを飛び交っている情報量を考えると、確かにそれくらいになるのかな、という気もします。

もちろん、私たちはその膨大な量の情報すべてを、もれなく手にとって見ているわけではありません。スマートフォンやＰＣの画面に表示されるものの中から、必要なものだけをピックアップしているはずです。あるいはＰＤＦをダウンロードしておいて、あとでつまみ読みしてみる、ということもあるでしょう。ですがそれにしても、現代人が大量の情報にさらされていることは間違いありません。

これだけの情報量すべてを紙で記録し、管理することができるでしょうか？　考えるまでもなく答えは明らかです。

私たちは歴史的な情報媒体であり続けた「紙」と、決別するときをすでに迎えているのです。

## ◆「それでも紙がなくならない」は本当か

もちろん紙には紙の良さがあり、その特性から紙が必要な場面は多々あります。紙に記録された情報は端末も電源もいらず、サッと見ることができ、手軽に書き込みもできます。ファイル形式やバージョンを気にすることもなく、いつでも誰でも見られるのが紙の良さです。

近年では社員にモバイル端末を支給する企業が増え、会議や打ち合わせにノートPCを持ち込んでキーボードを叩くスタッフも見られるようですが、そんなときでも「やっぱりノートとペンがいちばん便利」という人も多いようです。文字だけでなく図解も手早く描き込める柔軟さは、やはり手書きならではの良さでしょう。

また「目に優しく、刺激が少ない」というのも紙の長所です。そのためボリュームのある資料や報告書などは、ＰＣ画面で読むよりもプリントアウトして読んだほうが楽、というケースもあります。表示媒体としては、きわめて優秀でしょう。こうした理由から、「紙媒体がなくなることはない」という主張は正しいようにも思えます。

ですが「決してなくならないか」というと、そうではないと私は考えています。

実は私はマンガが大好きで、気に入った作品は単行本をまとめ買いし、暇を見つけては読みふけるのを楽しみにしてきました。ここでちょっと告白させてもらえば、私はペーパーレスを叫びながらも「マンガは紙本で読む」主義でした。マンガ好きの方ならご理解いただけると思うのですが、やはり自分の指でページをめくって読みたい、というアナログ派だったのです。

ところが、自宅にマンガがどんどん増えていき、それが部屋を占領していくようになると、妻からも文句をいわれます。さすがに部屋中がマンガでいっぱい……という状況も良くないな、と私自身も考えるようになりました。そこで（少々渋々ながら）マンガ用にKindleを買い、それで読むようにしたのです。

いざ実際に使ってみると、これが非常に便利なのです。寝転がって読んでも楽ですし、出かけるときにも手軽に持ち出せます。ちょっと時間が空いたときなど、いい歳をした男がカフェでマンガの単行本を開いていたら少々みっともないかもしれませんが、Kindleならばそんな心配もありません。違和感を覚えたのは最初だけで、慣れてしまえばこれほど便利なものはないな、と思うようになりました。

「でも、アナログでしか伝わらないこともあるじゃないか」という人もいるかもしれません。確かに、何かの機会にていねいな手書きの礼状などをいただくと実に清々しい気分になりますし、行間からにじみ出る書き手の人柄まで感じられるものです。メールやSNSのメッセージでは、こうはいきません。

ですがそれがビジネスの場面で必須のものかというと、決してそうではありません。

就職活動が始まると、新卒の学生たちの多くは、今も手書きの履歴書を提出するそうです。果たしてそれは本当に必要なものでしょうか。履歴書は本人の情報が分かれば良いのですから、「ていねいさ」や「字のきれいさ」は本質ではないはずです。それでも「手書きの履歴書は人柄が表れるから」などの理由で、それを求める企業も多いようです。

数十社もの企業にエントリーする学生にとって、手書きの履歴書は時間と労力を大いに消費します。そんなところにエネルギーを費やすよりも、もっと大事なことがあるはずです。こんなところにも「紙の限界」と、それに気付かない馬鹿馬鹿しさを私は感じてしまうのです。

少々話が脱線してしまいましたが、情報管理媒体としての「紙」は、すでに限界に達しています。それでもまだ紙がなくならないのは、情報を管理するのではなく表示するためのデバイスとして、紙に親しみを持つ人が多数いることが理由の一つでしょう。ですが私がそうだったように、紙からデジタルへの移行は、意外とあっさりとできてしまうものなのです。

### ◆紙を超える表示デバイスが登場したら……

前項でお話ししたように、表示媒体としての紙はなかなか優秀です。ですがこれは現在のPCやスマートフォン画面と比較しての話です。デジタルがさらに進化し、より手軽で使いやすい表示媒体となったら、紙の優位性は危ういものになるでしょう。

実際にタブレットでは手書き入力ができますし、それを保存・共有することもできます。記録媒体としてはもちろんのこと、表示媒体としてもデジタルは日々進歩し続けています。

たとえば、テーブルや目の前の空間に手をかざすだけで、そこにグラフや画像が投影され、必要な情報が見られる……。近未来を描いた映画やアニメではお馴染みのシーンで、いかにも未来的ではあります。そんなデバイスが実用化されたら、ペーパーレス化は一気に加速するはずです。そこにはもはや、紙媒体の出番はないかもしれません。

## 2-4 ペーパーレス化で仕事が変わる

### ◆ペーパーレス化によって起こる大転換

いま、政府主導で「働き方改革」ということがいわれています。これはペーパーレス化とセットで語られることも多く、労働のスタイルそのものの変革まで含めた概念として捉えられています。実際に企業の中でペーパーレス化が進めば、現場での仕事のしかた、働き方は、かなり様変わりするでしょう。

ペーパーレス化・電子化を皮切りに、AIやRPAの活用へと進歩させ、業務を高速化し、効率化させます。これまでと同量の仕事を短時間で終わらせることができますから、空いた時間に今まで以上の仕事をすることもできますし、他の作業に使うこともできます。手間のかかるルーチンワークから解放されて、クリエイティブな作業に使うことができるのです。

このことについてはすでにお話ししましたが、「クリエイティブ」といっても、プランニングやデザインワークをやりなさい、というわけではありません。要するに、自分の受け持ち範囲の中で、どうすればより質の高い仕事ができるのかを考えることに費やせば良いのです。

営業職であれば、相手に伝わる提案書の作り方や刺さるプレゼンのしかたなどを研究することができるでしょう。もともと紙を扱うことの多い経理部なら、さらにペーパーレスを進めていくためにどうするか、検討することもできるでしょう。

ただしこうしたアクションは、個人任せにしていては起こりません。ですからその部署のマネージャーが積極的に関わり、メンバーに声がけしながら進めていくことです。それにはペーパーレス化がどんな意味を持っているか、どんな変化が起こるか、そして今までの仕事がどう変わり、どんな未来がやって来るかを繰り返し説くことです。

メンバー全員がペーパーレス化の効力を理解すれば、より大きな転換が起こるはずです。

## ◆人事評価もデジタライズできないか？

人の性格はいろいろで、賑やかな人もいればおとなしい人もいます。それはその人の能力とはまったく関係ないことなのですが、組織の中ではやはり、目立つ動きをする人が評価されやすいようです。

ですが組織での仕事というのは、決して一人でできるものではありません。お芝居と同じで、主役の一人舞台ではないのです。脇をしっかり固める芸達者な脇役がいて、主役の魅力を引き出したり、照明や音響で臨場感を盛り上げたり。さらにその舞台にふさわしいセットを作る大道具や衣裳が必要です。それぞれの場所にいるスタッフとキャストがベストを尽くすからこそ、人を感動させる舞台ができあがるのです。

企業にも同じことがいえます。大きな契約を取り付ける営業職は確かに企業の花形ですが、彼らが思う存分に仕事ができるのは、その活動を支える多くの人々の働きがあればこそ。そしてベストを尽くすスタッフは、皆平等に評価されなくてはなりません。

企業のペーパーレス化が進む過程で、こうした人事評価のシステムも作れるのではないかと、私は考えることがあります。デジタル化すれば、ほぼすべての情報が可視化されますから、無駄があればすぐに分かります。「動きは派手だけれども、実際の業務にはあまり役立っていない」ということも、隠すことができません。その代わり、人目につかない目立たない場所で行われる貢献度の高い仕事も、きちんと拾い上げることができます。すべてのメンバーを平等に見て、評価することができるのです。

もしこんなシステムができれば、スタンドプレイに走る人間はいなくなるでしょう。誰もが組織に貢献するために仕事をし、それが評価されるとなれば、モチベーションの向上にもつながるでしょう。

## ◆ペーパーレス化で組織はさらに活性化する

ペーパーレス化によって業務が効率化し、スピードアップする。空いた時間を使ってよりクリエイティブな作業をしたり、さらなる効率化について検討を加えてみたりする。その結果、業務がさらに円滑になっていく……。このような循環が組織の中に生まれると、それは仕事の質をさらに高め、組織の力となっていきます。

さらにデジタル化によって情報の透明性が高まり、今まで以上に公平・公正な人事評価がなされれば、社員の満足度は高まり、仕事へのモチベーションもアップするでしょう。もちろん「公正な評価」とは、「いい加減な仕事は許されない」ということでもありますから、誰もが自分の仕事に責任感を持ち、ベストを尽くそうとします。

このような変化をペーパーレス化によって引き出すことができれば、それは組織にとって大いにプラスに働きます。惰性や馴れ合いで仕事をするのではなく、より積極的に仕事に関わり、自分以外の部署とも連携を深めながらさらなる効率化を検討し、進めていく。そんな活力あふれる組織に生まれ変わることも可能なのです。

ペーパーレス化は作業効率を高め、スピードアップを果たし、コストの削減に大きく貢献するものです。ですがうまく運用することで仕事のみならず社員一人ひとりの意識を変革し、活性化させることもできるのです。それこそ、本当の意味での「働き方改革」だと私は思うのですが、いかがでしょうか。

# 2-5 ペーパーレス化が効果的な企業とは

## ◆今すぐ導入するべき企業、3タイプ

ペーパーレス化は基本的に、すべての企業が導入すべきものです。ただ、その効果の表れ方は、企業規模や業界によって違ってくるでしょう。

社員数があまり多くない企業ですと、ペーパーレス化の効果はさほど大きくはならないかもしれませんが、人数が少ない分、導入はスムーズかもしれません。逆に社員数が増えていくと、ペーパーレス化を徹底するのに少々骨が折れますが、かなり大きな効果を上げることができます。

また、次に挙げる三つのニーズのいずれかに該当する企業は、できるだけ早くペーパーレス化に舵を切ったほうが良いでしょう。

### 【ペーパーレス化の三つのニーズ】

①業務を効率化・高速化したい

②内部統制を強化したい
③印紙税を削減したい

いずれもペーパーレス化によって達成できることではありますが、どれを重視するかによって導入のしかたやシステムの構成が変わってくるでしょう。もしかしたら「三つともすべて重要」という企業もあるかもしれません。あなたの会社がどこに当てはまるか、まずは考えてみてください。

では、それぞれの内容について、もう少し詳しくお話ししましょう。

**◆ニーズ①「業務を効率化・高速化したい」**

これは最もスタンダードなニーズで、ほぼすべての企業が当てはまるものです。従業員数にして30〜50人ほどの中規模の組織以上が導入効果が高いと思われますが、そこはやり方次第。それ以上の組織であれば、特定の部署やチームからスモールスタートを切るというやり方が効果的でしょう。

日常的に多くの情報を扱い、しかも紙を多く取り扱う金融業、不動産業などでは、ペーパーレス化によってかなりの恩恵を得られるはずです。

不動産業や人材派遣業を例に挙げましょう。これらの業界では契約書と関連資料が非常に多くなり、その扱いにも手間がかかります。まず契約書を作ったらプリントし、製本して相手先に送ります。そして印鑑を捺してもらって、印鑑証明とともに1部返送してもらい、金庫なり保管庫なりで保管されます。ここまでの段階ですでに多くの手間と時間がかかっています。またこうした契約書は誰にでも見せられるわけではありませんから、閲覧者を制限しなくてはならず、さらに保管コストがかかります。

ペーパーレスになれば、これらの手間と時間とコストが不要になるのです。

建設業も導入効果は高いでしょう。行政に提出する各種の届出書、それに伴う資料などが膨大になり、やはりその管理のための手間やコストがかかってしまいます。私たち公認会計士・税理士と同様に「紙に埋もれやすい」ため、ペーパーレス化による効果はかなり大きなものになるでしょう。

もちろん製造業やサービス業であっても、職場にあふれる紙が消え去るだけで、日々の仕事をよりスムーズに回すことができるはずです。

## ◆ニーズ②：「内部統制を強化したい」

これはＩＰＯを控えた企業、あるいは上場直後の企業などに多いニーズです。新規株式の公開に向けた作業では組織的な運営を求められますが、その中の一つに内部統制の整備と運用があります。アナログ時代であれば作業に関する「お作法」を決めておき、それにしたがって運用されているかどうかを監視する「お目付け役」を置く……という具合に、大きなコストがかかるものでした。

しかしデジタル化された内部統制の仕組みはとてもシンプルで、こうした状況に有効なものです。まず業務の流れをルール化し、そのルールにしたがって相互牽制によってチェックをする仕組みを作っておき、イレギュラーなことが起こればそれをフィードバックする体制を保持しておけば良いのです。

組織にはそれぞれにルールがあり、そのルールに沿ってあらゆる作業を進めていきます。エラーが起こってはいけない部分はより厳格なルール設定をしたり、ダブルチェックを行うなどの措置がとられます。ですが人の目と手で行う以上、エラーやミスを完全に排除することはできません。

そこでデジタルの強みが発揮されます。デジタルの世界では「見落とし」ということはありませんから、情報の中に何らかのエラーがあれば、そこで処理を止めることができます。間違いをスルーしたまま業務を流してしまう、ということがありません。

さらに、そのルールはすべてのスタッフに適用することができます。

アナログによる内部統制では、どんなに厳格なルールを作ったとしても、そのルールを作り、チェックするべき立場の人間が恣意的にスルーすることがあり得ます。つまりトップの了解のもとに不正が行われる……という余地を残してしまうのです。ところがペーパーレス化すれば、そうしたことが起こりません。現場のスタッフから組織のトップに至るまで、あらゆるレベルでの統制が可能になるのです。

## ◆ニーズ③：「印紙税を削減したい」

ペーパーレス化の効果が最も分かりやすいのが、このケースでしょう。特に不動産関連、金融関連の会社などでは、非常に大きなコスト削減効果が表れます。

不動産関連業界では、土地の売買など多数の契約が扱われており、それらの契約書の取り交わしの際に印紙税が必要になるケースが多くあります。企業の規模が大きく、扱う案件の数が増えれば、それだけ印紙税額が増えていきます。

大手の不動産会社では年間に億単位の印紙税を支払うケースもありますから、非常に大きなコスト削減効果が得られることになります。これは誰にでも分かりやすい、直接的なメリットでしょう。金融関連の会社では、やはり金銭消費貸借契約で必要となる印紙税の削減が、電子契約によるメリットになります。

また紙の契約書は作成する手間、流通させる手間、締結する手間、保管する手間など、大きなコストがかかります。そうした面では派遣業界にも有益でしょう。派遣会社では顧客先企業に派遣するスタッフと、雇用や請負に関する契約書を交わしますが、人材を多く抱える派遣企業ほど、扱う契約書は多くなります。印紙税のように直接コスト削減になるわけではありませんが、間接的な効果はきわめて高いでしょう。

ペーパーレス化によるコスト削減効果は、あらゆる場面に表れます。これは業務の効率化とリンクすることでもありますが、資料の作成や各種書類のプリント、発送などの手間がなくなれば、郵送費はもちろん、それらの作業にかかっていた人件費も削減できることになります。

日頃はあまり気にすることもないと思われますが、ペーパーレス化を前提にして現場での業務や作業を点検してみると、いかに「要らぬ作業」に時間と手間を取られているかが見えてくるものです。まずはこうした視点で業務をチェックし、ペーパーレス化によってどれほどの削減効果が期待できるか、試算してみると良いでしょう。

### ◆ペーパーレス化は、あらゆる場面で効果を発揮する

ここでは便宜上、三つのニーズに分けてお話ししてきました。ですが複数のニーズが存在するケースもあるでしょうし「いや、うちはすべてに当てはまる」というケースもあるでしょう。いずれもペーパーレス化によって得られる果実であり、またペーパーレス化はほぼすべての企業で効果を発揮するものですから、導入して損をするということはないはずです。

ただしペーパーレス化を導入するのなら、より効果的な形で行うべきです。ペーパーレス化で「損をする」ことはなくても、導入に失敗する、あるいは導入したも

のの無駄になってしまう、ということはあり得るからです。そして導入に失敗する要因の多くは、次の五つです。

**【導入失敗の要因】**

- ペーパーレス化の目的が不明確
- 経営層のコミットメント不足
- 非現実的な導入プラン
- 専門的知見、特に対応すべき法令・ルールに対する知見の欠如
- 目的とミスマッチなシステムを選定してしまう

他にもこまごまとあるのですが、大きなところでいえばこの五つです。逆にこの五つをクリアしてしまえば、あなたの会社はスムーズにペーパーレス化を進めることができます。それは決して難しいことではありません。

アナログの無駄を削減して業務を効率化し、生産性を高め、コストも削減できるペーパーレス化。次の章からは、システムの選定や導入のしかたについて、より具

体的なお話を進めていきましょう。

## ◆変化を恐れる面々を、どうやって動かすか？

さてここで、ペーパーレスシステムの導入に関連して、導入前後の注意すべきポイントや私自身が気づいたこと、考えていることについて、補足しておきましょう。ペーパーレス化は「働き方改革」と同様、業務のあり方を大きく変えるものです。このような変革を組織全体で行うためには、経営トップのリーダーシップが欠かせません。しかし現場の作業負荷を身にしみて知っているマネージャーがいくら力説しても「役員クラスがなかなか腰を上げてくれない」ということもあります。そうした事例は、私自身も数多く目にしてきました。導入すれば一気に効率化できるのに、上がＯＫを出してくれない、というケースです。

そんなときは、まずペーパーレス化による「分かりやすいメリット」を見せることが重要です。私がお勧めするペーパーレス化のファーストステップは「取締役会議事録」の電子化です。

企業の役員は年配の方が多く、ＩＴリテラシーがあまり高くない場合もあります。

また保守的な意識が働いて「まあ、良いものだというのは分かるけど、現状でも困っていないから」などと、変化を避けようとする、ということもあるでしょう。

ですが議事録の内容を参加者全員が確認して電子署名をして……という作業は、手元のスマートフォン一つでできてしまいます。簡単ですし、手間も時間もさしてかかりません。

実際に体験してもらって「なんだ、ペーパーレス化って簡単だし、便利じゃないか」と役員たちがそのメリットを実感してくれれば、しめたものです。そこを足がかりに、軽減されるであろうコストや時間を示しつつペーパーレス化のメリットをアピールすれば、「よし、じゃあやろう！」という方向に誘導することも難しくないはずです。

実際に取締役会議事録の承認作業からペーパーレスシステムを使い始め、経営陣を納得させてトップダウンでペーパーレス化を進めていく……という企業は増えています。

## ◆デジタル化で、埋もれていた情報が目を覚ます

ペーパーレス化によって情報をデジタル化すると、さまざまなメリットを享受することができます。ですがここで問題になるのが、ペーパーレス化以前の、紙に記録された情報をどうするかということです。

結論からいえば、紙に出力した過去の情報は、すべてデジタル化しておきたいところです。そうすれば過去からの長期にわたる企業の変化を俯瞰できますし、ビジネスプランの作成にも大いに役立ちます。顧客に紐付いた情報であればなおのこと、できるだけ早いうちにデジタル化し、ペーパーレスのワークフローの中でいつでも活用できるようにしておくべきでしょう。

ただ、少々僭越ながら忠告させていただくならば、この「既存データのデジタル化」という作業を自社内で処理しようとすると、まず失敗します。あるいは、いつまで経っても終わりません。

私が知っている範囲では、こうした場合に経営者あるいは担当者の方が考えることはほぼ同じです。

「日常業務の合間に進めればいい」

しかし数百枚、数千枚にも及ぶ書類をスキャンする、あるいはスプレッドシートに入力していく。その作業は、はたして「日常業務の合間に」できるものでしょうか。できるはずがありません。結果「手が空いたら少しずつやっておこう」と思いながら、いつの間にか忘れ去られてしまう、という結果に終わってしまいます。

また時間を作って作業するにしても、すべてを終わらせるまでに、どれほどの時間と労力がかかるでしょう？　それを人件費に換算したら、いかほどのコストになるでしょうか？

アナログデータのデジタル化は、デジタルならではの検索性や加工性を最大限に活用するために行うものです。つまり、それまで完全に埋もれていた情報を叩き起こし、縦横に使い切るための下準備です。もちろん早期に完了できれば、それに越したことはありません。それを思えば、少々のコストをかけてでも、外部委託してデータ化するのが最も確実な近道だと考えます。

## ◆ペーパーレス化の進化で、何が生まれるのか

ここから先は、実際の導入事例とはまったく関係がありません。ですがペーパー

レス化が今以上に一般的になり、多くの情報がデジタルデータとして保存・管理されるようになると、そこにはこれまでになかった環境やサービスが登場します。新たな世界にふさわしい新たな価値観も生まれてくるでしょう。そんな近い将来に起こりうるできごとのいくつかを、この章の最後にご紹介しておきます。

いずれも私一人のアイデアではなく、また実現に向けて動いているものもあるために、詳しくご紹介することはできません。しかしその概略や考え方に触れるだけでも、今までにない利便性や従来のビジネスの枠にとらわれない自由な可能性を感じ取っていただけることでしょう。

### ・遺産分割までカバーする、デジタルアセット

個人向けの資産管理・運用、いわゆるアセットマネジメントサービス。このうちの管理機能だけを抜き出して、アプリケーション化したものです。誰もが手軽に使えるスマホアプリの形にまとめておけば、いつでも自分の資産状況とその詳細が分かります。

キャッシュや有価証券、投資信託、不動産。それら資産の詳細な内容と評価額、

また各種契約書や登記簿の内容もひと目で確認できます。クリック一つでバランスシートを作れたり、負債があれば今後の返済計画をチェックできたりもします。

「いや、わざわざ管理するほどの資産なんてないよ」という方も多いと思いますが、このアプリの便利ポイントはそこだけではありません。

自動車保険や生命保険、医療保険の内容も入力しておけますから、更新や書き換えの際にあちこちの引き出しを探し回る必要がありませんし、事故の際も安心です。

また法律との兼ね合いがクリアできれば、このアプリをベースに遺言状を作成しておき、遺産分割や生前分与のシミュレーションを行うこともできます。電子署名とタイムスタンプで守られていますから、改竄《かいざん》の心配もありません。

個人に関わるすべての資産、契約を紐付けて管理できれば、人生の節目節目で実に有効に活用できるのではないでしょうか。

### ・ビジネスデータの電子化とブロックチェーンの活用

商品、サービスの受発注、資産の売買、業務委託・受託など、すべてのビジネス取引は、基本的に次の様なフローに基づいています。

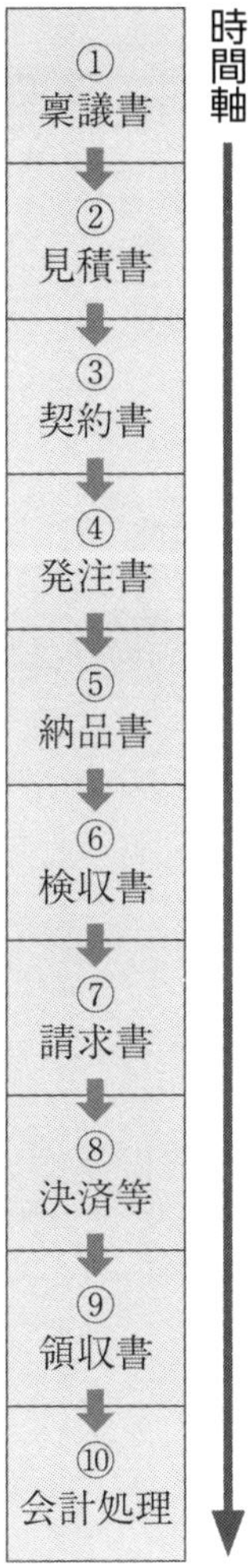


まず取引を行う意思を固め、複数の取引候補者の中からコストの面、取引条件の有利性などを考慮し相手方を選出します（①、②）。実取引のフローに移ってからは、各フェーズのステータスを当事者間で紙による文書で確認し合います（③～⑥）。その後、決済に移行し会計処理がなされます（⑦～⑩）。

このような取引において、特に少額かつ反復継続して行われる取引については、我が国でもＥＤＩなどの電子商取引が使われはじめています。しかしながら、ほとんどの領域で未だペーパーレス化が進んでおらず、紙の文書のやりとりが大半です。既述した通り、紙の帳票、書類、報告書などビジネス文書の授受・保存に関しては規制緩和が進み、２５１の法律において、紙保存に代え、電磁的記録での保存等が認められています。

電磁的記録での授受・保存のためには、テクノロジーの要素要件としては、現行法制度上、認定事業者のタイムスタンプとＰＫＩ（Public Key Infrastructure）基盤活用の電子証明書の二つがメインとなっています。

〝秘密鍵〟〝公開鍵〟を用い改竄可能性を排除する点ではブロックチェーンと同じですが、スマートコントラクト技術などの発展性は望めないのが現状です。

商取引において、取引の内容、条件、相手先などの基本要素は図（97頁）の①～⑩各フェーズを通して共通であることから、ブロックチェーン、スマートコントラクト技術を活用することにより、現状、手作業で行っている処理の大半の自動化が可能となります。不動産取引などであれば、所有権の移転や決済処理などが人の手を介さずに行うことができるようになります。

### ・仮想通貨ベースの金融プラットフォーム

現在、世の中に流通している貨幣は、かつて等価値の金地金との交換を保証する証として発行されていました。そうした歴史的な背景のためか、あらゆる取引において現金が最も強く、安全性も高いと認識されてきました。銀行は人々のニーズに応えるために多くの支店を設け、大量の紙幣・貨幣を管理するためのスペースと労力を割くことになりました。そしてその対価として手数料を徴収する、という仕組みが一般的になりました。

しかしブロックチェーン技術によって守られた仮想通貨では、紙幣や貨幣といった現物が存在しません。そのため通貨を管理するためのコストを非常に小さく抑えることができます。当然、各種の手数料もグッと低くすることが可能です。

このことは、従来の金融システムとは離れた、新たな金融プラットフォーム建設の可能性を示唆しています。

格差社会といわれる現代、国と国との間にも大きな富の格差が存在します。そのため海外に出稼ぎに出て、祖国の家族に送金するという人々は、数え切れないほどいるはずです。そして海外送金の際には必ず手数料を差し引かれます。これが、ところによっては10％近い高率であるケースがあるのです。

従来の金融システムではさまざまな面でコストが積み上がりますから、この数字も致し方ないのかもしれません。ですが管理コストの低い仮想通貨ならば、送金手数料をもっと安く……たとえば1％程度にまで下げることも可能かもしれません。そうすれば、海外で稼いだお金をより多く、故郷で暮らす家族の豊かな生活や、祖国の発展のために役立てることができます。

# 第三章
# ペーパーレスシステム選定時の留意点

# 3-1 広範囲にカバーできるシステムを選ぼう

## ◆現状のペーパーレスシステムの問題点

ペーパーレス化のためのソリューション、電子ワークフローや電子契約サービスなどは、現在複数の企業から提供されています。それぞれ特定の機能に強みを持たせたり、電子会議システムと連携させたりと、なかなかに特徴的なものが多いようです。

ですが私の目から見ると、ほとんどのサービスについて次のような不満が残っています。

【現在のペーパーレスシステムの問題点】

① 個別にソリューションが分かれている
② 社内の業務フロー全体をペーパーレス化できていない
③ 一部法令にしか対応できていないものが多い

それぞれについて、簡単にお話ししておきましょう。

## 【個別にソリューションが分かれている】

多くのソリューションは、電子帳簿保存法対応の帳票電子化の機能と、電子契約の機能が、個別に一つのサービスとして提供されており、社内業務を包括的にカバーする形で「ペーパーレス業務システム」として提供されていません。どちらがより重要か、自社のニーズに合わせれば良いとはいうものの、包括的なペーパーレス化ができないとなると、その効果も限定的になってしまいます。

今後、ＡＩやブロックチェーンの活用を見据えると、ビジネスデータは一元管理すべきです。

## 【社内の業務フロー全体をペーパーレス化できていない】

稟議や決裁は電子化できるものの、添付する見積書や請求書が紙保存……というものも見受けられます。これでは目の前はデジタル化されていても、バックヤードには大量の見積書、請求書、納品書、契約書などが積み上がることになります。一般に業務で用いるあらゆる書類に対応できなくては、ペーパーレス化の恩恵も中途半端なものになってしまいます。

## 【一部法令にしか対応できていないものが多い】

多くのシステムが税法に対応している一方で、会社法や電子署名法まで網羅できているシステムはとても少ないようです。これはシステムの開発段階で、各法規に詳しい専門家の関与が不十分だったためかもしれません。前章でお話ししましたように、デジタル化保存が可能になっている法律が現状251本ありますので、あなたの会社の属する業種で遵守しなければいけない関連法規はきちんと押さえておくべきです。

社内はもちろん、社外とのやりとりまでペーパーレスで対応でき、しかも税法・会社法などの関連法規で定められた通りの処理ができる……。完全なペーパーレス化を目指すなら、そこまで対応できるシステムが必要です。

## ◆ペーパーレスシステムに不可欠の機能は？

ビジネスの現場でペーパーレス化の対象となる書類は、広範囲に及びます。社内の稟議・決裁、議事録や労務関係書類、外部とのやりとりでは見積書・発注書・納品書・受領書・請求書など、そして外部との合意の証として契約書と、その守備範囲はとても広いものです。

すでにお話ししましたが、現在さまざまなペーパーレス化のサービスが展開され始めています。しかしＩＴの進化のスピードや、今後皆さんが活用するであろうＡＩやＲＰＡ、ブロックチェーンなどの存在を考えると、ビジネスデータを包括的に、すべての領域をカバーするサービスが必要になってくるでしょう。

既存のサービスはそれぞれに一長一短がありますが、導入にあたってどうしても必要と思われるのは、電子契約に関する機能です。特に昨今の電子化導入の実例を見ると、メガバンクでの電子契約導入のリリースなどから、電子契約の広がりが想像以上に進むのではないかと思われます。実際、当社への問い合わせも電子契約サービスに関するものが多くなりつつあります。

契約書は作成から文書の取り交わし、さらに保管に至るまで多くの手間と時間がかかりますし、紙媒体で行うと印紙税も関わってきます。不動産業界や金融業界はもちろんのこと、それ以外の業界でも「社外との契約は皆無」ということはまずないでしょう。ですから電子契約関連の機能が充実したシステムを選ぶことが、ペーパーレスの利点を活かす大きなポイントとなります。

そして電子契約において不可欠なのが「電子署名」と「タイムスタンプ」です。電子契約に不可欠なこれらの要素について、次項からお話しすることにしましょう。

## 3-2 電子契約に必須の「電子署名」と「タイムスタンプ」について

### ◆電子契約は本当に有効なのか?

システムの機能とは直接の関係はないのですが、ペーパーレス化を進めていく上で、電子契約、そしてそこで使われる電子署名とタイムスタンプについては、どうしても触れておかなくてはなりません。少々ややこしい話も登場しますが、できるだけ簡略化してお話ししますので、おつきあいください。

さて、私は公認会計士・税理士として、日常的な業務についてはすべてペーパーレスで動かしています。事務所のスタッフたちも皆同様です。また職業柄、経営者の方々とお話しする機会が多く、そのたびにペーパーレス化をお勧めしています。

ほとんどの方が興味を持って私の話を聞いてくださるのですが、そこでしばしば感じるのが、ペーパーレス化について詳しい知識をお持ちの方がまだまだ少ないということです。ことに電子契約については「本当にそれで契約書の代わりになるんですか?」という疑問を、しばしば耳にします。

もちろん、電子契約は一般的な契約書と同様の効力が認められています。ただしそのためには、いくつかの条件が必要になります。

そもそも「契約」というものは、文書を交わさないと成立しないというものではありません。法の上では「契約自由の原則」というものがあり、すでに「契約方式の自由」については確立しています。ですからたとえ書面を交わさなくても、口約束でも契約は成立すると見なされているのです。

とはいえ企業が取り交わす契約はその内容も複雑ですから、さすがに「口頭で」というわけにはいきません。そこで双方の合意内容をこと細かに記した書面を作り、双方が確認した証拠として実印を捺し、さらに印鑑証明を添えて取り交わす……という方法がとられてきました。このスタイルによって、企業は契約の法的真正性を担保してきたのです。

そうした慣習のためか、契約書という現物がなく、実印と印鑑証明書という真正性の保証もない電子契約に、不安を感じる経営者の方は多くいらっしゃいます。

ですがそれは、今やいらぬ心配なのです。

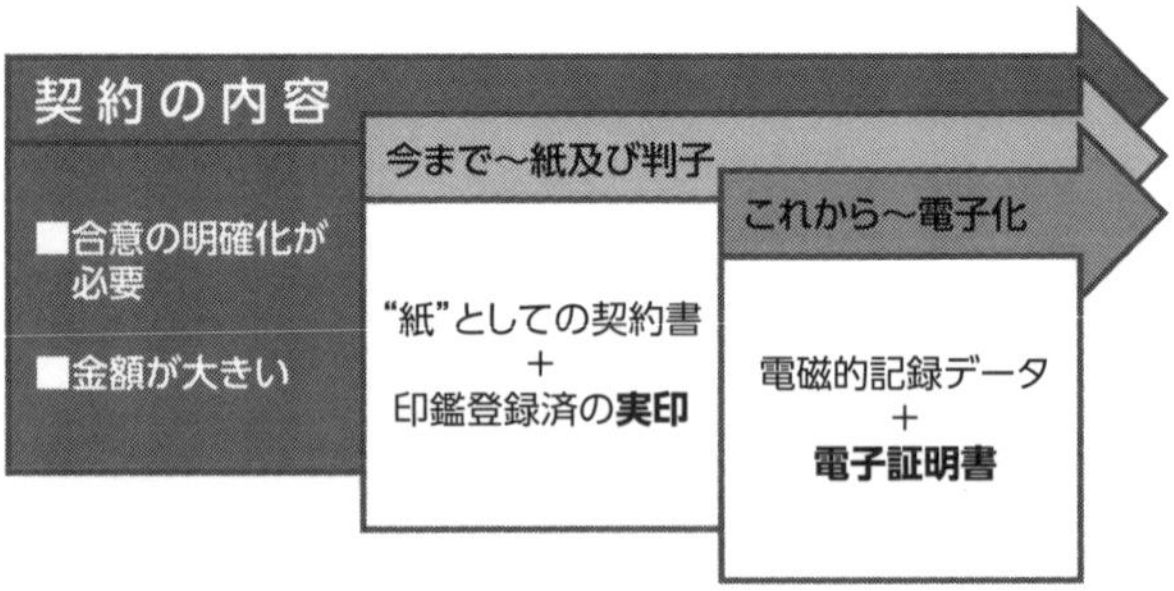


契約締結スタイルの「今まで」と「これから」

## ◆電子契約の効力は法的に認められている

ペーパーレス化を前にして、多くの経営者が気にする電子契約の真正性。それはいわゆる電子署名法……正確には「電子署名及び認証業務に関する法律」によって、すでに担保されています。その条文を、ここでご覧いただきましょう。

**第三条**

電磁的記録であって情報を表すために作成されたもの（公務員が職務上作成したものを除く。）は、当該電磁的記録に記録された情報について本人による電子署名（これを行うために必要な符号及び物件を適正に管理することにより、本人だけが行うことができることとなるものに限る。）が行われているときは、真正に成立したものと推定する。

どうも法律の文章というのは、わざわざ分かりにくく書いているように感じてしまうものです。この条文を噛み砕くと、次のような意味になります。

「契約当事者本人が、本人だけが署名できる環境下で電子署名を施した電子契約については、書面による契約書と同等の証拠力があると推定する」

ここで重要なのは「本人だけが署名できる環境下で電子署名を施した」というくだりです。

従来の契約書による方法では、契約内容を記載した書面に実印を捺し、さらにその実印の真正性を保証するために印鑑証明書を添付していました。個人の場合と同様、会社の実印は誰でも持ち出せるものではありませんし、またその印影が届け出されたものに相違ないことを証明するため、印鑑証明書を添付します。この印鑑証明書も、第三者が勝手に取り寄せられるものではありません。こうして、契約書に捺された実印が「本人だけが押印できる環境下で施した」ものである、と推定され、それゆえに実印を押印された契約書は本人が合意した、と推定されるわけです。

電子署名もまったく同じです。アプリケーションによって電子的に作成された契約に、特定の条件を満たした電子署名を施すことで、「書面による契約書と同等の証拠力があると推定する」と法で定められているのです。

では、書面と同様の効力を持つ契約を作るために必要な電子署名とは、どのようなものでしょうか？

## ◆そもそも電子署名とは何か？

電子署名については、多くのウェブページで解説されています。その全体像を述べるとかなりの紙幅が必要ですので、詳細をお話しすることは避けておきますが、概略をかいつまんでご説明しましょう。

クレジットカードで買い物をしたときに、サインを求められます。これまでは伝票にペンで手書き……ということが多かったのですが、近年では小さなタブレットでサインするというケースも増えてきました。これもいわば「電子サイン」です。

ですがこのレベルでは、会社同士の契約書など、重要な書類に使うことはできません。間違いなく本人であることが確認できる、真正性の高さが求められます。

そのために生まれたのがＰＫＩ（Public Key Infrastructure ＝公開鍵基盤）基盤を使用した電子署名の仕組みです。

電子署名では署名そのものと、その署名とセットになる2種類の鍵……「公開鍵」

と「秘密鍵」で成り立っています。これはそれぞれ印鑑証明書と実印の組み合わせとまったく同じです。

たとえばAが電子署名を使いたいと考えたら、まず事前に「認証局」と呼ばれる機関に署名を登録します。すると認証局ではこれをAの電子署名として登録し、公開鍵と秘密鍵を発行します。これら二つの鍵はまさに鍵と錠前のように、ぴたりと合う組み合わせは一つだけです。そして公開鍵は文字通り公開されますが、秘密鍵は誰にも知られないように厳重に管理しておきます。

契約などに電子署名を使う場合、Aは秘密鍵を使って電子署名を生成し、相手先に渡します。登録されているAの電子署名は、それとセットになっている秘密鍵がないと出力することができません。そのため「この電子署名はAによってなされたものだ」ということが分かります。

さらに、Aの電子署名入りの文書を受け取ったBは、公開されているAの公開鍵を使って、電子署名が本物かどうかを検証することができる、というわけです。

ＰＫＩ基盤を使用した電子署名には、登録や鍵の発行を行う認証局がありますが、これにはいくつかの種類があります。

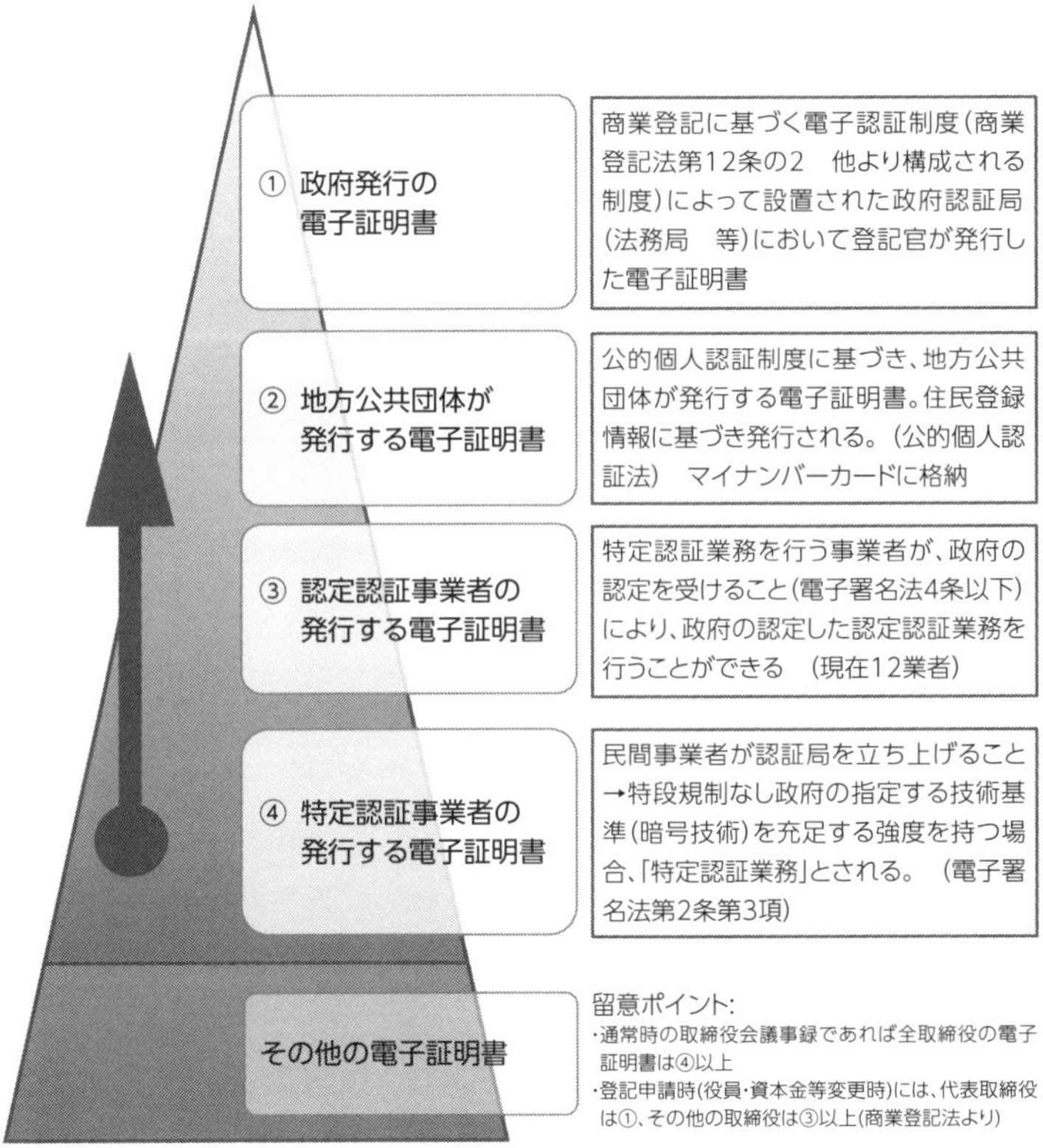
① 政府発行の
電子証明書
商業登記に基づく電子認証制度（商業登記法第12条の2　他より構成される制度）によって設置された政府認証局（法務局　等）において登記官が発行した電子証明書
② 地方公共団体が
発行する電子証明書
公的個人認証制度に基づき、地方公共団体が発行する電子証明書。住民登録情報に基づき発行される。（公的個人認証法）　マイナンバーカードに格納
③ 認定認証事業者の
発行する電子証明書
特定認証業務を行う事業者が、政府の認定を受けること（電子署名法4条以下）により、政府の認定した認定認証業務を行うことができる　（現在12業者）
④ 特定認証事業者の
発行する電子証明書
民間事業者が認証局を立ち上げること→特段規制なし政府の指定する技術基準（暗号技術）を充足する強度を持つ場合、「特定認証業務」とされる。（電子署名法第2条第3項）
その他の電子証明書
留意ポイント:
・通常時の取締役会議事録であれば全取締役の電子証明書は④以上
・登記申請時（役員・資本金等変更時）には、代表取締役は①、その他の取締役は③以上（商業登記法より）

電子証明書の種類

図のように政府が作成（①）、さらに地方公共団体が発行するもの（②）、認証事業の認定を受けた民間企業が発行するもの（③）などがありますが、企業で使う各種書類に電子署名を使うのであれば、特定認以上のものが必須でしょう。

世界的なトレンドからは遅れがちな日本ですが、すでに電子署名を扱う民間の認証事業者は数多く存在します。まず、これらの企業に問い合わせてみると良いでしょう。

## ◆確定日付となるタイムスタンプ

皆さんは「確定日付」をご存知でしょうか？　各地の公証人役場で行っているサービスで、ある文書なり制作物なりが特定の日時に存在しており、その後改竄《かいざん》されていないことを証明するものです。

これをデジタルで行うものがタイムスタンプです。

すでにご説明した電子署名が「印鑑」であり、タイムスタンプが「確定日付」にあたります。

タイムスタンプも電子署名と同様、信頼のおける第三者機関によって発行されます。ある文書にタイムスタンプを付与すると、そのスタンプ内に正確な日時の情報とともに、付与した文書の情報が特殊な形で書き込まれます。タイムスタンプを捺した後に文書を改竄すると、スタンプ内の文書情報との食い違いが起こるため、改竄されたことも分かります。

こうして文書が作られた日時とともに、その後改竄されていないことが証明できるのです。

電子署名では、データの作成者は確認できますが、その文書が作成された日時までは分かりません。ですがタイムスタンプを併用すると、文書の作成者だけでなく作成日時も記録でき、その後現在まで改竄されていないかどうかまで確認できるのです。

紙の文書であれば、実印を捺し、印鑑証明書を添付することで作成者は確認できます。しかし作成日時までは確認できません。意図的に過去の日付を記載することは簡単にできますし、複数人の間で取り交わす文書であっても、全員の同意があれば「●月●日の日付で……」ということが可能になります。

ところがタイムスタンプを使うと、それは不可能です。そのため電子署名とタイムスタンプを付与した電子文書は、紙の文書以上の真正性を持つことができるのです。

## ◆電子契約サービスに必要条件とは？

電子署名とタイムスタンプについてご理解いただけたところで、電子契約を実現する「電子契約サービス」に求められる条件を考えてみましょう。システム選定の際の参考にしてください。

### 【真正性が確実に担保されること】

前述したＰＫＩ基盤を使用した電子署名と税務上の認定事業者のタイムスタンプを扱える機能は必須でしょう。さらに契約締結までの関係各者のやりとり、文書へのアクセス履歴などが残せれば、契約そのものはもちろん、そこに至るプロセスまでも、改竄されることのない記録として明確に残ります。ここまでの機能があれば、十分以上の真正性を確保することができます。

### 【ワークフロー機能があること】

契約の作成から法務部によるチェック、契約先への送付までの一連のワークフロー機能が実装されていれば、一連の作業がシームレスに完結します。

### 【高度なセキュリティ環境を提供できること】

ペーパーレス環境では、ありとあらゆる情報を扱います。企業にとってトップシークレットといえる情報までも取り扱う以上、データの漏洩や盗難、消失への万全な対策は不可欠です。またシステムへのアクセスについても、高度な認証プロセスが必要でしょう。

### 【分かりやすく使いやすいこと】

電子契約の場合、契約先もシステムの一部を操作するケースがあります。そのため誰にでも分かりやすく、使いやすいツールであることは重要です。

またPCだけでなく、タブレットやスマートフォンにも対応していれば、出張先でも必要な処理ができ、業務をよりスピーディに回していくことができます。

文書の信頼性やセキュリティレベルは「高くて困る」ということはありません。それは業務を進める上で大きな安心感につながりますし、そうした仕組みを採用していることは、対外的な自社の信用を高めることにもつながります。日本ではまだ「デジタル」「ペーパーレス」に対する不安、ことにセキュリティや真正性に対する不安が根強く残っていますから、そうした不安を払拭するためにも、より信頼性の高い仕組みを用意することは非常に有用でしょう。

またツールとしての分かりやすさ、使いやすさも大事です。どんなに性能が良くてもあまりに使いにくいようでは、仕事の道具としては失格です。

必要十分以上の機能と、ユーザーフレンドリーな操作性。そうした観点からシステムを選ぶと良いでしょう。

ですがどんなに優秀なシステムを採用しても、その導入のしかたを誤ってしまうと、十分に機能させることができません。逆に上手に導入できれば、スムーズなペーパーレス化への移行が実現します。

その具体的な方法について、次の章でお話しすることにしましょう。

# 第四章
# ペーパーレス化導入のステップ

# 4-1 最終ゴールをどこに設定するか

## ◆ペーパーレス化は難しくない

前章まではペーパーレス化の必要性やメリット、システムの機能や選定のポイントなどについてお話ししてきました。ここからは実際にペーパーレス化を進めるにあたり、導入の方法や運用のノウハウについてお話ししていくことにしましょう。

さてペーパーレス化を導入するには、そのための「仕組み」が必要です。ですが、ここであまり大きなことを考える必要はありません。

極論するなら、社内にサーバーを一つ置き、イントラネット（組織内のプライベートネットワーク）を組めば、最低限のペーパーレス環境は作れます。日々使う書類はすべてサーバーに置いておき、各部署のメンバーそれぞれにアクセス権限を設定します。運用のルールだけはしっかりと作っておき、あとは各自が実践するだけです。

もちろん、この状態では各種法的要件を充足していませんので、書類の種類によっては紙による保存義務が発生します。他社との電子契約や外出先からのモバイルアクセスなどもできません。ですが社内にペーパーレス環境を作り、稟議書や各種の申請書など、社内文書のやりとりをするぶんには、これだけの環境でもできてしまいます。

「ペーパーレス化」「デジタル化」というと、ハードとソフト両面で大がかりな転換が必要だと思われることが多いようです。確かにペーパーレスによる恩恵を十分に得るためには、それなりのシステムを構築する必要があります。ですがそれは決して難しいことではなく、混乱をきたすものでもありません。やり方次第で、実に簡単かつスムーズに行えるものです。

ペーパーレス化は決して難しいものではなく、面倒なものでもない――。まず、その点をご理解いただきたいと思います。

## ◆トップの主導で一気に変革を図る

前項でお話しした「仕組み」は、あくまで最低限のものです。これだけではペーパーレスの効果を十分に発揮することはできませんし、私がいう正確な意味でのペーパーレス化……各種の法的要件を充足させた上でのペーパーレス化とは、ほど遠いものです。そこで専用のシステムを導入するということになるのですが、その前にはっきりさせておくべきことがあります。それは「ペーパーレス化をどこまでやるのか」「どこから始めるのか」ということです。つまりペーパーレス化の最終ゴールと、そのゴールを目指してどれほどの規模からスタートするかを決めておくことです。

結論からいえば、「完全ペーパーレス環境」を目指して、全社一斉にスタートするのが最善です。会社の規模にもよりますが、それがいちばん効果的でしょう。

社内の一部の部署から実験的に導入を始めたり、システムを導入して少しずつ業務をペーパーレスに移行していく……という具合に、段階的に導入する方法もあり、場合によっては、こちらのほうが良いケースもあります。ですが事情が許すなら、全社一斉に移行してしまったほうが良いでしょう。社内の一部だけでペーパーレスのやりとりがされ、他の部署は従来のまま……というのでは、社内でのワークフローがうまくいかなかったり、十分な統制がとれなかったりということもあり得ます。スケールメリットを考えても、一気に変えてしまうのがいちばんです。

ただしこの手法をとる場合には、次の2点に注意してください。

①ペーパーレス化について、社員が十分に理解していること
②各部署の長、さらには経営陣が率先して誘導すること

①については、言うまでもないことでしょう。ペーパーレス化によって業務の流れがどうなるか、現場の人間がしっかり理解していないと、業務そのものが止まりかねません。事前に社内説明会を行ったり、部署ごとに業務フローを確認し合ったりして、ペーパーレス化とは何か、それによってどのようなメリットが得られるのかを、現場スタッフが十分に理解しておくことが必要です。また必要に応じて相談窓口的なスタッフを置き、疑問や不安の解消を図るのも良いでしょう。

そしてそれ以上に重要なのが②の要素です。ペーパーレス化は従来のワークフローだけでなく、仕事に対する意識の変革をも促すものですから、経営トップが自ら旗を振り、声を上げていくことで、変革をリードすることが大切です。そうでないとせっかく導入したシステムが十分に活かされず、中途半端で終わってしまうことにもなりかねません。

これらの条件をクリアし、また自社に最適なシステムを導入できれば、ペーパーレス化へのハードルはその分低くなります。実際に社員500名ほどの企業が2ヶ月ほどの間に完全ペーパーレスへと移行した例を、私は知っています。

ペーパーレス化は「できる・できない」ではなく、「やる・やらない」の話に過ぎません。大規模かつ一斉に切り換えを図ることも、決してできないことではないのです。

## ◆心配ならスモールスタートで始めよう

「でも、一気に変えていくのはさすがに不安だな」という場合には、スモールスタートを切るのも良いでしょう。「部署を限定して導入する」あるいは「手を付けやすい業務からペーパーレス化して、段階的に広げていく」というやり方も有効です。

私が実際に経験したところでは「帳票から入る」というケースがありました。

その会社では経理で扱う領収書が非常に多く、その処理に多くの時間と手間をとられていたため、まずは領収書の処理をペーパーレス化し、その作業に社内が慣れてきたところで順次ペーパーレス化を進めていきました。同様に、請求書からペーパーレス化を始めた企業もあります。

またユニークなところでは「若い社員が多い部署から、実験的にペーパーレス化を導入した」という企業もありました。特に書類が多いというわけではないのですが、スタッフが皆若いだけにデジタルデバイス、デジタルワークに慣れており、意識の切り換えも早かったため、思いのほかスムーズな導入ができたそうです。それをモデルケースとして、他の部署にも順次ペーパーレス化を広げていきました。

全社一斉に切り替えるのは不安だとしても、このようなやり方であれば導入しやすいはずです。それにスモールスタートであれば、さしてコストもかかりません。クラウドサービスとして提供されているペーパーレスシステムはＩＤ数に応じて課金されますから、「最初に少人数で使ってみたい」というニーズにもフィットします。

## 4-2 ペーパーレス化のための準備

### ◆まずやるべきは文書の棚卸しと業務フローの再確認

日々の業務で取り扱う書類というのは、皆さんが思う以上に数多くあるものです。各種の報告書や申請書、稟議書など社内でやりとりされる文書。企画書や見積書、契約書に請求書など、顧客や外注先といった社外とのやりとりに使われる文書。さらに日常的な業務に伴う数々の帳票類。まず、それら文書類を洗い出し、どのようなルートで動いているのかを把握します。

またそれらの文書のうち、何がどのように保存・管理されているか、法的根拠の有無も含めて確認します。

つまり、日々扱っている多くの書類たちの棚卸しをしておく、ということです。この作業は、決して軽いものではないでしょう。難しいことは一つもないのですが、少々手間がかかるのは確かです。ですが「自分たちが使う書類って、何があるかな」程度の認識であったとしても、棚卸し作業はやっておいたほうが良いでしょう。

この作業は、日常業務の文書の流れを洗い出すことでもあります。一つの文書の流れを追うことは、そこに記された情報の流れを追うことであり、それは、業務の流れそのものを確認することになります。

この作業を行ってみると、もしかしたら「業務のフローに無駄が多い」ということに気付くかもしれません。もしそうなら、ペーパーレス化以前の業務効率化のチャンスです。形式的で無駄なプロセスは排除し、業務の流れをシンプルにすることで、ペーパーレス化の効果をより高めることができるはずです。

## ◆ペーパーレス化の規模を設定する

ペーパーレス化を導入する規模、範囲も、事前に設定しておくべきことです。全社的に、あるいは主要な部署で一気に導入するか、あるいはごく限られた小さな規模でスモールスタートを切るか。どちらを選んでもメリットはありますので、企業ごとにフィットしたやり方をとれば良いでしょう。

ただ私自身は何度かお話ししたように、ペーパーレス化への移行は広範囲に、一気に行ってしまうのが良いと考えています。

日常業務のやり方が大きく変わるというのは、現場にとってはショッキングなできごとです。混乱も起こるかもしれません。ですがそれはあくまで一時的なものに過ぎないのです。

一方、段階的に変化させていけば、そのたびごとに何らかの課題や問題が湧き起こり、最悪の場合「こんなに問題が起こるなら、ペーパーレス化をあきらめたほうが良いのではないか」という意見も出てきます。こうなってしまうと、せっかくのペーパーレス化への流れが鈍くなってしまいます。

とはいえ、規模の大きな企業では移行のタイミングや統制の面から「全社的に一気に……」というのも難しいかもしれません。そうした場合は限定的なスモールスタートを切り、中小の組織であれば一気に転換する、というやり方をとれば良いでしょう。

## ◆コーディネーターがいれば準備もスムーズ

社内のビジネス文書は、一つの部署内だけで動くものではありません。営業、経理、総務など、一つの文書が複数の部署を工場のラインのように流れていくことになります。ですから関係する各部署で「その文書をどう扱うか」を確認し合っておくことも大事です。

そんなとき、各部署を横断的にコミュニケートできるスタッフがいれば、調整作業がスムーズにいきます。つまりペーパーレス化とそのシステムについての知識を持ったコーディネーター的存在です。特定の部署だけでペーパーレス化をスタートさせる場合には、該当部署の誰かがその任にあたると良いでしょう。

「毎日の業務だけでも山盛りなのに、そこまで手が回らないよ……」

そんな声も聞こえてきそうですね。確かにペーパーレス化を実現するには文書の体裁や保管に関して、法的根拠をクリアすることが必須です。ただでさえ難しい言い回しで書かれた法律の文書は、あまりに難解で理解しにくいものでしょう。

ですがその点は心配いりません。

現在、市場に登場しているペーパーレスシステムはいくつかありますが、税法をはじめとする関連各法に準拠した仕様のシステムを選べば、すべてのデジタル文書が法に則った形で作成され、保管されます。新たに習得が必要なのはインターフェースの使い方くらいで、専門的な深い知識は不要です。

文書を作り、送り、送られてきた書類にサインして返送し、保管する。使い方さえ覚えてしまえば、ワープロソフトやメーラーと同じ気軽さで、ペーパーレス化が実践できます。

## ◆ペーパーレス化は意識の変革にほかならない

オフィスのペーパーレス化は、これまでの業務の流れに大きな変革をもたらします。今まで2日、3日とかかっていた情報の伝達が、発信したと同時に関係者全員に届くのですから、格段の変化です。どこで情報が滞っているのかが一目瞭然ですから、「まあ後回しでいいか」というわけにはいきませんし、「この情報は俺のところで握っておこう……」などという真似もできません。

情報そのものというよりも、情報の流れまでもがオープンになります。それを前提に、ペーパーレス化された環境の中でスタッフは業務にあたることになります。

そこで否応なく突き付けられるのが、意識の変革です。

私たちは何かにつけて「慣れ親しんだやり方」を好みます。それを当たり前だと思い、常識だと思います。ですが、あなたの常識が他の誰かにとっても常識だとは限りません。

たとえばクライアント宛のメールを書くとき、あなたはどんな文面に仕上げるでしょうか？　「○○株式会社　○○部　○○課　課長　○○様……」などと宛名をしっかり書き込み、礼を失しないようにするはずです。さすがに時候の挨拶まで入れる人はごく少数だろうと思いますが、決してゼロではないのではないでしょうか。もちろん、悪いことではありません。メールも手紙の延長と考えれば、どうしてもこうした形に落ち着きます。

ですがメールを「情報伝達の一手段」と考えれば、メッセージの内容はもっと簡素になります。さすがに社外に対しては礼節は必要ですが、社内でのやりとりにそこまでの装飾は不要、短時間で要点のみ伝えるべき、という考え方です。

「○○社との打ち合わせの件、来週火曜で大丈夫でしょうか？」

宛名も書かず発信者の署名もなく、こんなメールを外回り中の部下から受け取って「最近の若い者は、メールの書き方もなっとらん」と中高年の管理職が愚痴をいう、という話をしばしば耳にします。ですがこれはどちらが良い悪い、という話ではありません。それぞれの意識に隔たりがあるだけです。

上司は、メールは手紙の延長と考えていますから体裁にこだわりますし、若い部下はＳＮＳのメッセージのように要件が手短に伝われば良いと思っています。お互いに理解できれば、どうということのない問題ですが、長年親しんできた自分の意識をシフトするというのは、なかなか難しいことです。

ペーパーレス化の導入にあたっても、こうした意識の変革が求められます。そのためコーディネーターを置き、現場に知識を浸透させるだけでは十分ではありません。各部署の上長はもちろん、可能であれば経営トップが積極的に関与し、社員を鼓舞するべき場面でしょう。これは会社の理念を掲げ、方針を示すことと同じです。ペーパーレス化によってこれだけの果実が得られる、だから社を上げて取り組むのだ！　というリーダーシップが発揮できれば、ペーパーレス化の動きはさらに加速していくはずです。

## ◆「まず使ってみる」それがいちばん大切

これは日本人の国民性かもしれませんが、私たちは何かを変えようとするとき、非常にナーバスになる傾向があるようです。その変化に対してどんなリスクがあるか。考えられるトラブルやアクシデントはないか。変えることのメリットとデメリットは何か。それが他者にどのような影響を与えるか。

まさに石橋を叩いて叩いて、そんなに叩いたら橋が崩れてしまうのではないかと思うほど叩いたあげく「時期尚早だ」と手を引く……。少々極端ではありますが、それほどの慎重さで「変化」というものに相対するクセが、日本人にはあるようです。

確かにその慎重さは大きな美徳です。ですが慎重になり過ぎるあまり、変化するチャンスを逃し、結果として成長する機会を逃すことになってしまったら、あまりにもったいないと思うのです。

その慎重さを捨て去るべきだとは私は思いません。ですがその一方で「とりあえずやってみよう」という姿勢もまた、必要なことだと思うのです。

現在、市場にあるペーパーレスシステムの多くは、クラウドサービスとして提供されています。いずれも「1IDあたり、1ヶ月いくら」という課金制ですから、試験的に使ってみるぶんにはほとんどコストはかかりません。各部署の2～3人をピックアップして、とりあえず使ってみればいいのです。

実際に使ってみれば、ペーパーレスがどういうものかが分かります。そのシステムの機能や使い勝手が分かります。「さして難しいものではないな」ということも分かるでしょう。本来ならばデジタルデータとして保管する情報も、必要に応じてプリントアウトして保管するようにすれば、業務フローにも支障を及ぼさないでしょう。

またワークフローシステムを利用することで、これまで意識していなかった業務の流れが可視化されますから、どこに無駄があるかが表面化してきます。そのため「このプロセスは省いてもいいんじゃないか」「ここで何度も情報が行き来するのは無駄だから、簡略化しよう」という意見も出てきます。そうしたことに気付くことができるのも、ペーパーレス化の副産物です。

一度デジタル化した業務フローは、後からシステム上で修正することができます。「デジタル化」「ペーパーレス化」というとついつい身構えたくなりますが、もっとリラックスして接すれば良いのです。最初から完璧な移行を目指す必要はありません。

本格的な導入の前に、まず使ってみる。使用感を確かめ、ペーパーレスの業務の流れを体験しておくのです。そして運用上の注意点があれば事前にリストアップしておき、課題や問題があれば解決策を用意しておけば良いでしょう。それを各部署に周知したあとで順次ペーパーレス化を広げていけば、完全ペーパーレスまでスムーズに移行できるはずです。

## 4-3 導入スケジュールをどう考えるか

### ◆思い立ったらいつでも始められる

すでに何度かお話ししましたが、ペーパーレスシステムの多くはクラウドサービスとして提供されています。クラウドサービスの利点はいくつかありますが、その一つに「自社側での準備がいらず、すぐに使い始めることができる」というものがあります。

サーバーを立てる必要はありませんし、自前でセキュリティを構築する手間もいりません。思い立ったらすぐに登録して、すぐに使える。そのスピード感はクラウドサービスならではのものです。この速さと手軽さを活かすためにも、準備に半年、1年とかけるより、とりあえず始めてみればいい、というのが私の持論です。

ただし税務が関わる業務については、タイミングを測る必要はあります。

税務に関連するいくつかの書類や帳票をペーパーレス化するときは、事前に管轄の税務署に届出を出さねばならないからです。たとえば4月1日から実施したいのであれば、前年の12月末までに届け出なくてはなりません。

こうした制約はあるものの、ペーパーレス化そのものはいつでも始めることができる、と考えて差し支えないでしょう。

## ◆税務書類のペーパーレス化の申請は、スモールスタートしやすい

前項について、少し補足しておきます。会計帳簿や帳票などの税務関連書類のデータ保存を税務署に届け出ると、その3ヶ月後から「みなし承認」となり、実際にデータ保存ができるようになります。申請にあたっては「とりあえず、領収書だ

けはペーパーレスに移行しよう」というやり方でも大丈夫。デジタルデータでのワークフローに慣れたところで、順次デジタル化の対象を広げていく、という進め方でも問題ありません。

税務署はもともと紙ベースでの作業に馴染んでいますし、ペーパーレス化の普及のために、スモールスタートを想定しています。ですから「できるところから始める」という導入のしかたでも、一向に差し支えないのです。

ペーパーレス化を段階的に進めたい……という場合は、こうした行政の柔軟さもうまく活用できるでしょう。

## ◆ペーパーレス化への現実的なステップは？

では実際のペーパーレス化へのステップは、どのようなものでしょうか？　シンプルにいってしまえば、次の通りです。

①知識の習得：ペーパーレス化についての必要な知識を得る
②導入準備：導入範囲や業務フローの決定及び見直し

③導入：システムを導入し、稼働開始
④定着：導入後、ペーパーレス業務を定着させていく

一気に移行する場合には、ほぼこのままの流れで移行することになります。すぐに使えるクラウドサービスの利点を活かすなら、この4段階を意識しつつアクションを起こせば、ペーパーレスの恩恵をすぐに得ることができるでしょう。

段階的に移行する場合には、企業によって少々異なるかもしれませんが、おおよそ次のような流れになるでしょう。

## ①知識の習得

まずペーパーレス化について必要な知識を浸透させておきます。定期的な社内講習会などができれば理想ですが、「まずは社内文書からペーパーレス化したい」というような場合は、ごく基本的な理解が得られれば十分でしょう。最初から深い知識を浸透させようとしても時間ばかりかかりますし、「こんなにたいへんなら、もういいや」ということにもなりかねません。

### ②導入準備

先にお話しした、導入範囲や移行ステップの検討、適用する文書の棚卸しと業務フローの見直し作業です。税務署への届出も、この頃に出しておくと良いでしょう。

### ③導入

複数の部署で数人ずつ移行するか、あるいは特定の部署を丸ごとペーパーレス化するか。選択肢はいろいろですから、自社に合ったサイズでスモールスタートを切ってください。ペーパーレス化についての深い知識は、この段階で、しかも必要であれば身につける……という形でも十分です。

### ④定着

課題や問題が起こったら、随時解決してペーパーレスでの業務フローを確立させます。その後は、すでにペーパーレスを経験済みの社員がアドバイスをしつつ、ペーパーレス化を定着していきます。

組織はある程度以上の大きさになると小回りが利かず、大きな変化に即応することが難しくなります。そのため準備に時間がかかるばかりでなかなか現場が進まず、結局中止……ということも、しばしば起こります。

そうしたことを避けるためにも、まずはアクションを起こし、スピード感を持って移行を進めていくと良いと思います。

## ◆「電子帳簿保存法」の改正に注意

税務関連の帳簿や書類の電子保存については、電子帳簿保存法——いわゆる電帳法で定められています。この法律は1998年に施行され、その後規制緩和を重ねつつ現在に至っています。

紙の書類のスキャニングデータ保存を認めたのはこの法律ですが、当初は「ハンドスキャナで読み取ったデータは不可」など、とても制約が多く、使いにくいものでした。それがペーパーレス化の普及にブレーキをかける大きな要因にもなっていたようです。

ですがその後、業務の実情やテクノロジーの進化に歩調を合わせるように改正が加えられ、２０１６年の改正ではスマートフォンで撮影した領収書等の帳票も、一定の要件を満たせばデジタルデータが正式な原本として認められるようになりました。

外回りの多い営業マンにとっては、これはかなり楽でしょう。出先で経費を使ったら、領収書やレシートをその場で撮影。ストレージにアップして必要な手続きを踏めば、領収書やレシートを廃棄してもかまいません。経費精算の作業負荷が大幅に低減できます。

スマートフォンでの撮影保存を行うためには、タイムスタンプの付与や、ミスやエラー、不正を防ぐために相互牽制などの措置を講じるなど、いくつかの条件も課されていますが、使い勝手が大幅に向上したのは間違いありません。

電子帳簿保存法はペーパーレスの中できわめて重要な法律であり、ビジネスの現状や技術の進化に合わせ、細かな改正が繰り返されてきました。今後もそうした傾向は続くはずです。ですからペーパーレスを導入したなら、関連法とあわせ、常に改正の動きにアンテナを張っておくことが大切です。

## 4-4 ペーパーレス化移行における留意点

### ◆押さえておきたいペーパーレス化のポイント

ほとんどの企業にとって、ペーパーレス化は今や「最も旬な課題」といえます。政府が推進する働き方改革、生産性向上という課題。規制緩和とデジタル文書に関連する法整備の充実。電子署名やクラウド環境の進化など、ソフトとハード両面にわたるＩＣＴの発達と普及……。あらゆる面で、ペーパーレス化への移行環境が整っており、まさに機は熟した感があります。

にもかかわらず、ペーパーレス化はまだまだ一般的ではありません。私自身の感覚からすると「なぜ、こんなに広がっていかないのだろう？」と、不思議に思うこともあります。その一方で、実際に企業のペーパーレス化のお手伝いを通して、デジタル化が進んでいかない理由が垣間見えることもあります。

そうした私の経験をもとに、本章の最後に「ペーパーレス化にあたっての留意点」をいくつかお話ししておきましょう。移行の際にはこれらの項目を心に留めておくようにお願いします。

## ◆関連各法には常に注意を払う

企業の業務や税務処理に関連する法律は非常に多く、文書や帳票については「紙での保存」を義務付けている法律が２９８本もあります。そのうちの２５１本は、いわゆるｅ－文書法で横串にされましたが、ペーパーレスに関連する法律や規制は実に多く、また電子帳簿保存法のように改正を繰り返すものもあります。

反面、不動産取引時での重要事項説明やそれに伴う書面交付など、まだまだ緩和が十分でない分野も存在します。

こうした法律の多さと分かりにくさ、アンバランスな規制緩和の実情は、企業にとってペーパーレス化に踏み込みにくい要因の一つになっているようです。

ですが２０１８年の現状ではすでにペーパーレス化に移行する法的環境は整い、経理、総務、法務と管理部門のほぼすべての領域について、ペーパーレス化が可能となっています。導入そのもののハードルは、すでに十分に低くなったといえるでしょう。

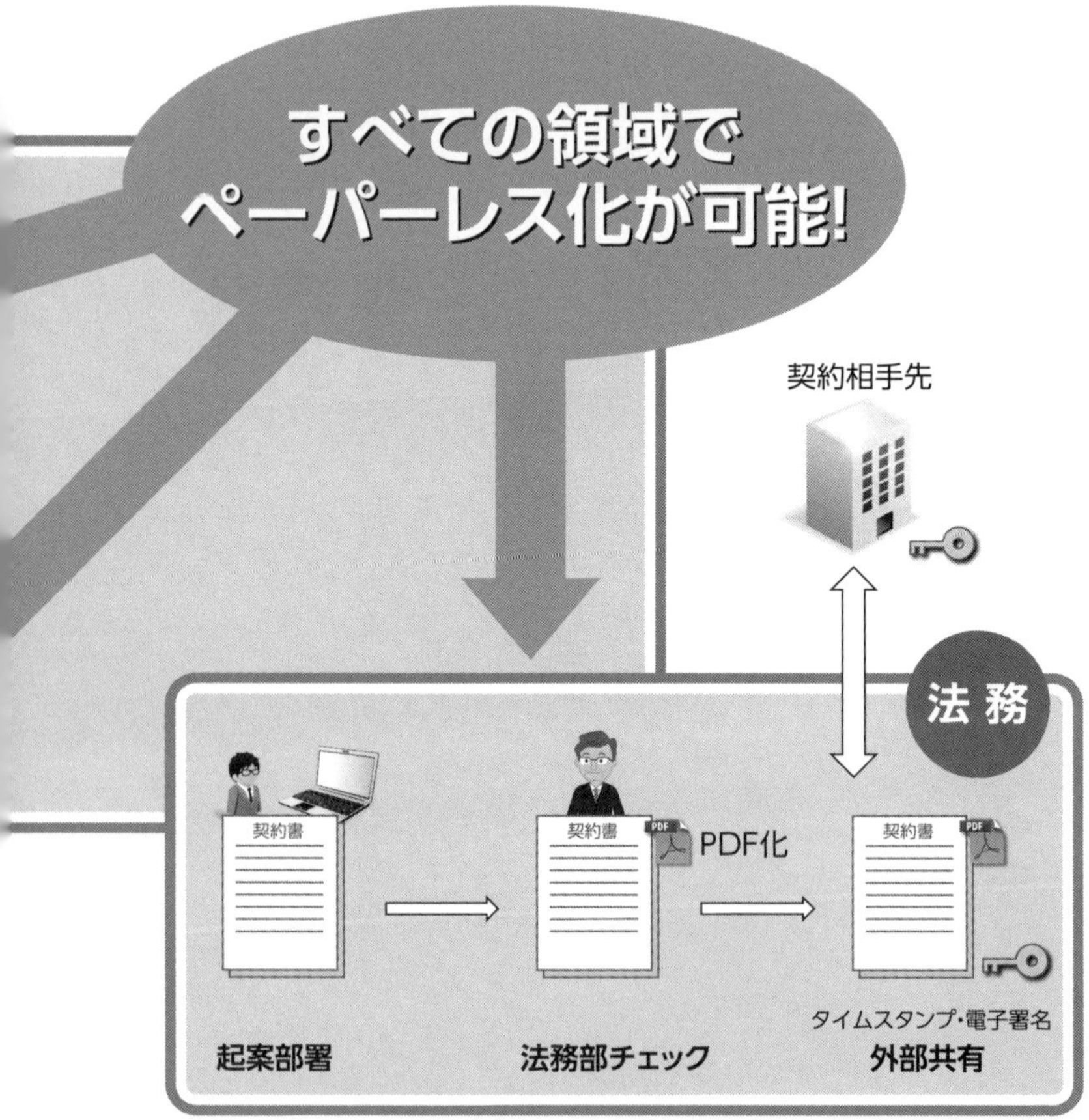
すべての領域で
ペーパーレス化が可能!
契約相手先
法務
契約書
契約書
PDF
PDF化
契約書
PDF
タイムスタンプ・電子署名
起案部署
法務部チェック
外部共有

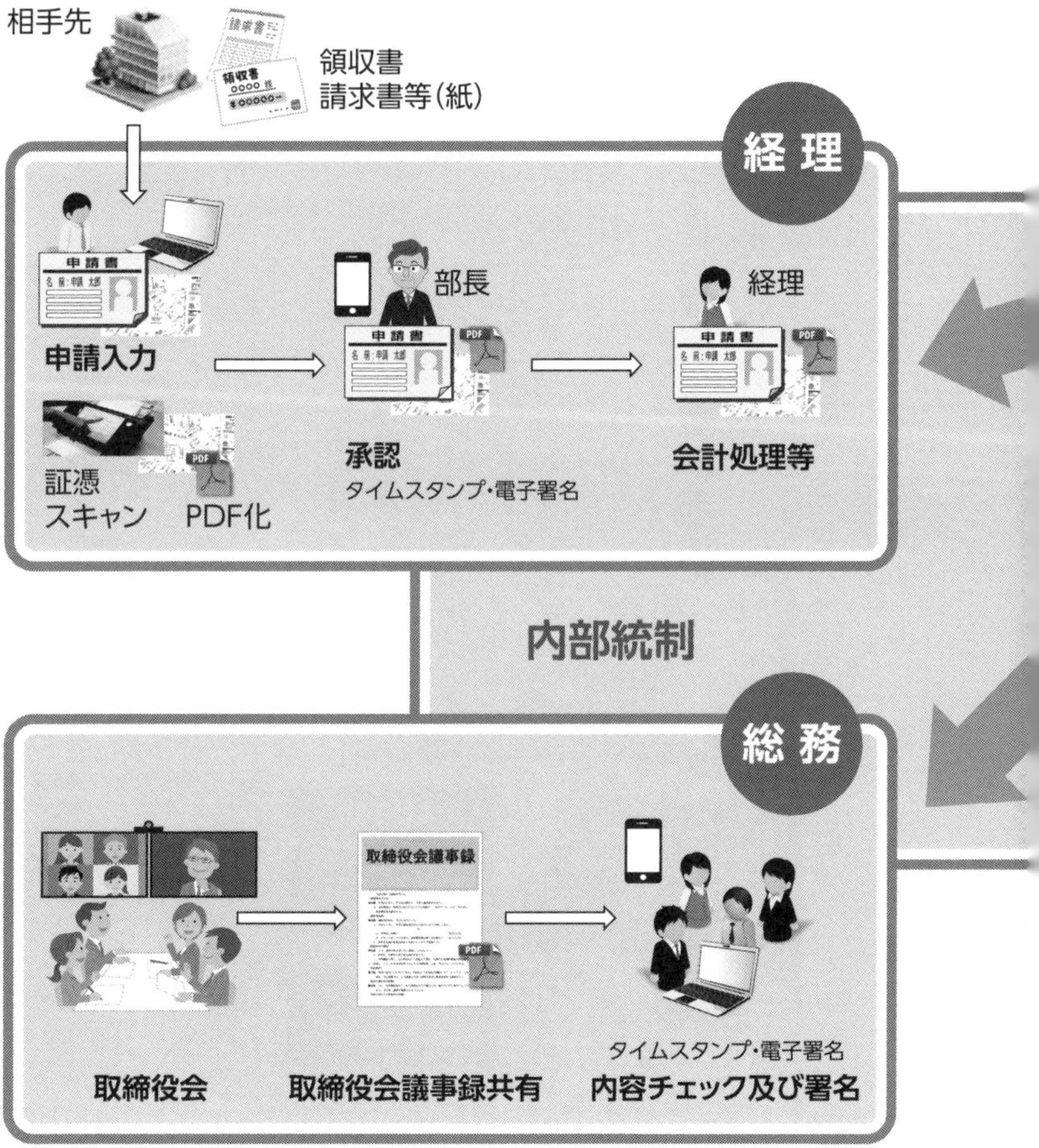


オフィスでのペーパーレス化領域

あとはペーパーレスへの移行ののち、関連法規に注意を払い、法改正などがあれば適宜対応していけば良いことです。

ただしペーパーレス化にあたっては、各種の法律によって必要条件が規定されています。ですから、それらについて最低限の知識を身に付け、必要に応じて専門家の助言も得ながら、法的要件を満たすシステムを選ぶべきでしょう。

## ◆日本人ならではの理由が移行の邪魔に…

日本では紙文化が長く続いてきたためか、口頭の約束よりも実体のある文書や証文への信頼がはるかに高い、という傾向があり

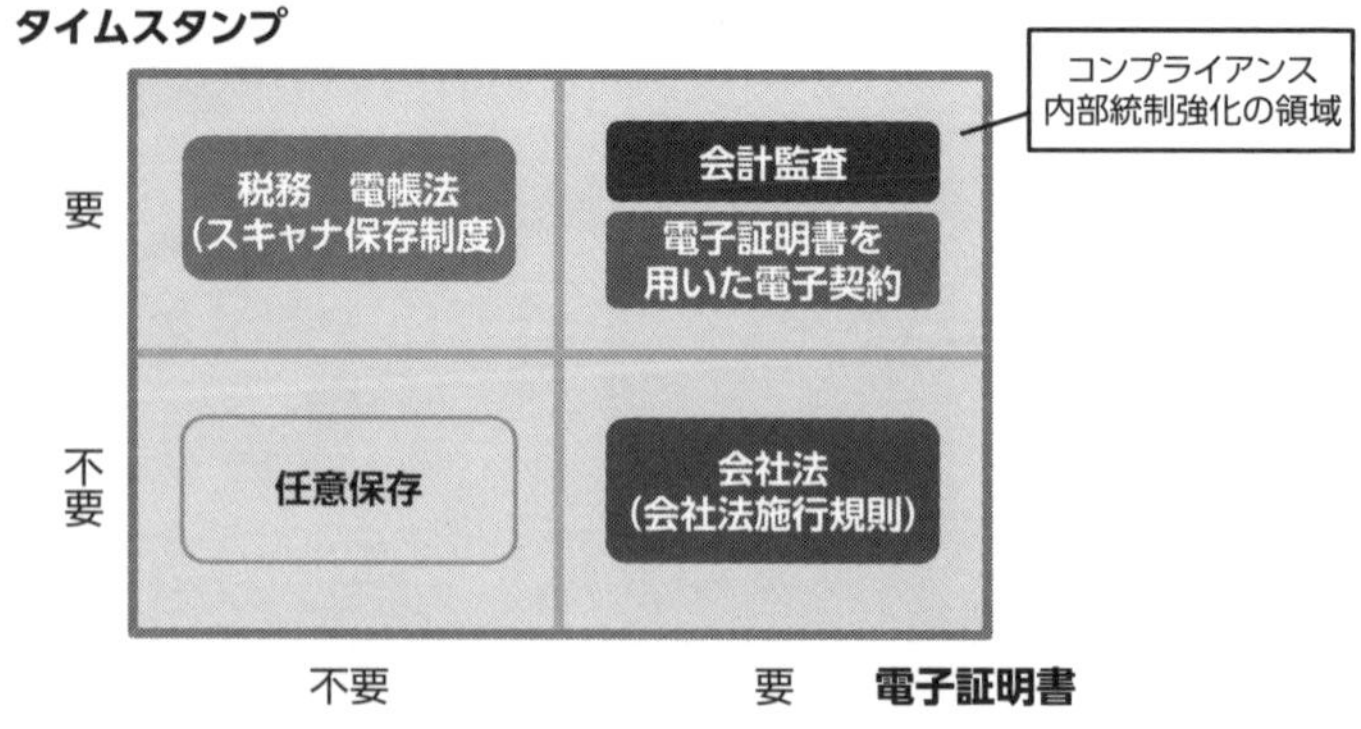


タイムスタンプと電子証明書（電子署名）

ます。そこに印鑑文化が加わって、「文書に捺印して取り交わす」というのが、正統的スタイルとして定着しています。そのために「デジタルデータよりも紙と印鑑のほうが安心だ」という意識が根強いのです。これをくつがえすのはなかなか容易ではありません。

ですが今日の技術では、たとえばタイムスタンプと電子署名などは、「証文＋印鑑」以上の真正性を持っています。デジタルデータというと実体がないためか「簡単にコピーできる」「後からの捏造がたやすい」等のイメージが先行するようですが、決してそんなことはありません。むしろ「証文が揃っていれば間違いない」という思い込みにこそ、危険が潜んでいるのです。

数年前、ある住宅メーカーが東京都内の土地をめぐる詐欺被害に遭い、60億円以上をだまし取られるという事件がありました。このときに使われたのは、偽造のパスポートと印鑑証明書でした。

「証文があるから大丈夫」とは限りません。冷静に論理立てて検討してみれば、電子署名やタイムスタンプが、紙と印鑑以上の力を発揮してくれることが分かるでしょう。

## ◆変化を嫌う心理がペーパーレス化を遅らせる

どんなことであれ、人が自分の習慣を変えるというのは難しいことです。朝食は白いご飯……という人がパン食に切り替えると「なんだか力が出ない！」と感じるでしょうし、お風呂好きな人なら「シャワーだけじゃ物足りない！」と思うでしょう。

企業の業務フローも同様です。今までやってきたやり方というものは、ある意味でその組織にいちばんフィットしたやり方であるはずです。それをわざわざ変えるとなると、関係者の意識付けから考えなくてはなりません。

「今まで通りで困っていないんだから、別に変えることはないじゃないか」

こうした心理は、ペーパーレス化を遅らせる手強いブレーキとなります。

ですから移行にあたっては、そこにどんなメリットがあるかを繰り返し啓蒙することです。個々の社員の手間が軽くなる、無駄な業務をしなくて済む、結果として時間を有効に使うことができる……。組織全体というよりも、個々の社員が「自分にどんな得があるのか」が分かるように導いていければ、ペーパーレス化へのモチベーションも高まるでしょう。そうなれば、移行プロセスもスムーズに行えるはずです。

## ◆専門家のアドバイスを有効活用

別項で私は「移行にあたり、アドバイザーがいると良い」とお話ししました。これは総務や経営企画などのポジションにいる社員が、先行してペーパーレス化についての知識を身に付け、各部署を横断しながら移行作業を進めていく……という形を想定したものです。

ですが、彼あるいは彼女にしても、アドバイザー専属というわけにもいかないでしょうし、一人で全社のペーパーレス化の世話をするというのも酷な話です。

そこでお勧めしたいのが、公認会計士や税理士といった専門家の活用です。

自画自賛になってしまいますが、私たちは会計と税務のスペシャリストです。私たちのお客様にはペーパーレスを実践している企業もありますから、各種の法律や実務処理について、一通りの知識は持っています。中には私のようにアドバイザーとして、企業のペーパーレス化のお手伝いをする公認会計士・税理士もいます。

コストのことを考えれば、自社内だけで完結するのがベストかもしれません。ですが専門家を活用することで、ペーパーレス化への障害や問題を事前にピックアップし、早期に解決することができますし、企業規模や状況に合わせて最善の移行プランを提案することもできます。その結果、より短期間での完全移行が実現すれば、はるかに大きなメリットとなるはずですが、いかがでしょうか。

## ◆不安を払拭してペーパーレス化に飛び込め！

ペーパーレス化について、一通りのことをお話ししてきました。すでにあなた自身、ペーパーレス化がどのようなものか、何をもたらしてくれるのか、どのように進めれば良いのか、おおよそご理解いただけたのではないかと思います。

ですが、今も不安はあるでしょう。そのために移行にあたり「大丈夫なのかな……」と心配することもあるかもしれません。

人は変化に対してほとんどの場合、不安を感じます。それは変わった後にどうなるかが分からないためです。ですがそのためにペーパーレス化に踏み出さないとしたら、これほどもったいないことはありません。

景気の動向、人材不足、競争の激化……。現在の日本を取り巻くあらゆる状況が、企業に業務効率化と生産性の向上を迫っています。それは先送りできるものではなく、まさに目の前にある危機なのです。ペーパーレス化はその危機を乗り越える大きな力を、あなたとあなたの会社にもたらしてくれます。

不安は、「知ること」で払拭できます。まずはペーパーレス化とは何か、それによって何が起こるかを知ることです。そしておおよその知識を得たならば、あとは「実際にやってみる」ことです。

本書をここまでお読みいただいたあなたならば、すでに行動するための知識は十分。あとはアクションを起こすだけです。その一歩を踏み出して、他社に先駆けてペーパーレス化の世界へ飛び込んでください。そしてその果実を、存分に味わっていただきたいと思います。

# 第五章
# ペーパーレス化Q＆A

私は会計士・税理士として、日々多くの企業に関わり、経営者の方々と話し合う機会があります。その中でペーパーレス化に関するご質問をいただくことも、よくあります。

また私が代表を務めるペーパーロジック株式会社が開発・製品化したペーパーレスシステム「paperlogic」についても、メールや問い合わせフォームを通じて多くのご質問が寄せられています。

ここではそれらのご質問の中から、(A)経理関連、(B)総務関連、(C)法務関連、(D)その他ペーパーレス化への取り組みに関する質問、(E)当社サービスである paperlogic に関する質問とカテゴリーごとに整理してご紹介します。ここに掲載されていない疑問や質問は、当社または自社の顧問会計士や税理士にご相談ください。

疑問が一つ解消すれば、不安が一つ消えていきます。そのステップを積み重ね、ペーパーレス化へのアクションにつなげてください。

## Ⓐ　経理関連

**Q1** 仕訳日記帳、総勘定元帳、得意先元帳など、ほぼすべての会計帳簿を印刷し税法が求める保存期間で保管していますが、紙で印刷・保管しなくても良い制度があると聞きました。概要を教えてください。

**A** これは1998年7月に施行された電子帳簿保存法の規定です。

電子帳簿保存法とは、企業に対して備え付け及び保存が税法で義務付けられている帳簿書類について、その保存方法等の特例を定めた法律です。この法律の制定によって、コンピュータで作成した帳簿や書類の電磁的記録（データ）があれば、そのデータの保存をもって書面に出力された帳簿書類の保存に代えることが可能になりました。

つまり「ペーパーレス」を法的に認めた法律、ということができます。

## Q2

会計帳簿以外にも、領収書、請求書、納品書など、紙で受け取る証憑《しょうひょう》書類がかなりの量になります。月次決算後に手分けしてファイリングし、過去7年分を保存していますが、電子化すれば紙の証憑を破棄して良いという制度があると聞きました。概要を教えてください。

## A

これは、電子帳簿保存法の第4条3項で規定されている、いわゆる「国税関係書類のスキャナ保存制度」のことを指します。この制度によって、企業が取引先などから受け取った紙の領収書や請求書、自ら作成し取引先に送付した紙の請求書の控えを、スキャナやスマートフォンなどを用いてデータ化し、一定の要件で保存・保管することで、データを原本の代わりとすることができ、もともと原本であった紙の書類を廃棄することが可能になりました。

## Q3

当社は請求書作成システムで毎月膨大な請求書を印刷し、顧客に送付しています。控えは出力して紙で保存していますが、データのみの保存でも良いのでしょうか？

## A

自社で発行した請求書の控えも、一定の要件を満たすことでデータのまま保存することができます。これは電子帳簿保存法第４条２項に規定されており、事前に所轄税務署にて承認を受けることで、自社で作成した決算関係書類や請求書や見積書の控えなどのデータも、書面に印刷することなく、データのまま保存できます。

## Q4

当社は株式公開を目指しています。主幹事証券や監査法人から公開会社にふさわしい内部統制制度の確立と運用を求められていますが、デジタル化での整備・運用は可能でしょうか？

A

公開会社こそ、デジタル化での整備・運用が最適です。紙や書面での業務処理ならびに保管は、書面の紛失や改竄《かいざん》など、事故や不正が発生しやすいと考えられます。デジタル化することで、社内の業務プロセスを見える化すると同時に「いつ」「誰が」「どの書類に対して」承認したかということを記録することもできます。電子帳簿保存法などの法令対応では、書類の「真正性」（確実に本物であること）が重視され、そのための記録を残すことや技術的に非改竄性を保証することも求められます。そういう意味では、デジタル化は上場企業にふさわしい内部統制体制の確立と運用を行うための第一歩である、と言っても過言ではありません。

Q5

当社は上場会社で会計監査を受けていますが、監査上、ペーパーレス化は認められていますか？　監査法人から何か言われませんか？

**A**

監査上、ペーパーレス化は認められています。ただし公認会計士協会の見解では、電子帳簿保存法で規定されている法的要件よりも厳しい意見が出されており、タイムスタンプとPKI基盤の電子証明書による電子署名により、「いつ」「誰が」「どの書類に対して」承認したのかという書類に対する真正性が担保されるとしています。そのため、実際にペーパーレス化を推進する場合は、自社の会計監査人または監査法人に事前に相談をすることをお勧めします。

**Q6**

**大量の請求書を毎月顧客に郵送しています。PDF化してメールで送っても良いでしょうか？**

**A**

もちろん、問題ありません。また請求書控えをデータで残しておくこともできます。ただしその際には、電子帳簿保存法10条に基づき、作成されたデータが改竄されないよう、適切な保管管理が必要です。

paperlogicでは、作成された請求書に承認者の電子署名とタイムスタンプを打つことで、「会社として正式に発行された請求書」であること「タイムスタンプ打刻後、改竄されない」ことを保証します。また、作成された署名の有効性を検証機能を用いて確認することも可能です。

## Q7

**顧客に郵送する領収書がとても多く、貼付する印紙代がかなりの額になっています。デジタル化すれば収入印紙は貼らなくて良いのですか？**

## A

デジタル化によって印紙は不要になります。印紙税法は、書面として作成される書類に対する課税について取り決められた法律であり、電子データとして作成された書類は印紙税法の対象外となっています。

## Q8

最近、仕入先からの請求書が、紙ではなくメール添付のＰＤＦファイルに切り替わりました。どのような取り扱いをすれば良いですか？　現状は担当者のＰＣに「請求書フォルダ」を作り、そこに届いたファイルを保存しているだけです。

## A

現状の取り扱いでは、取引データの保存・保管について規定した電子帳簿保存法第10条に違反してしまいます。これを回避するには、次の二つのうち、いずれかの対応を取る必要があります（施行規則第8条1項より作成）。

①　受領した書類データに対して、タイムスタンプ（電子署名を併せるとなお良い）を打ち、保存担当者の情報を確認できるようにする。

②　社内にて、受領したデータの正当な理由のない改変・削除等を防止する事務処理の規程を定めること。

## Q9

当社はEDI(Electronic Data Interchange＝電子データ交換)で取引しているため、電子帳簿保存法には対応していると考えていますが、その認識で間違いないでしょうか？　請求書も納品書もすべて電子化しているので、問題ないと思うのですが。

## A

EDI取引は、電子帳簿保存法10条の規制の対象となります。電子化されているだけでは不十分で、取引データが不正に改竄されないよう、①タイムスタンプ・電子署名を付すことで、取引データの非改竄性を担保する、もしくは②社内規程にて取引データの適切な保管・管理について規定することが必要です。詳細については、法令に詳しい顧問税理士や会計士などの専門家までお問い合わせください。

## Q10

最近、取引先より当社宛にタイムスタンプが付された請求書並びに納品書データがPDFで送付されてきます。すでにタイムスタンプが捺されているので、当社側でタイムスタンプを捺す必要はないのでしょうか？

**A**

タイムスタンプが付与された書類データを受領した場合でも、先述のQ8に対する回答と同じ対応が、受領した会社には求められます。

**【参考：電子帳簿保存法に関する「よくある質問」】**

**Q1**

電子帳簿保存法によってデータ保存が可能となる帳簿は何ですか？

**A**

いくつかありますが、それぞれにまとめておきましょう。

① 書面での保存義務があった帳簿書類のうち、データ保存も容認された書類

○　国税関係帳簿（法4条1項）
○　国税関係書類（法4条2項）
↓　決算関係書類（決算に際し作成された書類）並びに取引関係書類（取引に際し作成された書類）のうち、自己で発行した書類の写し
○　国税関係書類のスキャンデータ保存（法4条3項）
↓　書面にて受領または作成した取引関係書類

②　電子取引に係るデータの保存義務（法10条）

法令制定前に、保存義務が規定されていなかった電子取引により授受された取引情報に係る電磁的記録の保存義務の規程が設けられました。

○　電子取引：ＥＤＩ取引、インターネット等による取引、電子メールによる取引情報の授受、インターネットのサイト上での取引、ＦＡＸ等による取引の記録。

## Q2 帳簿書類の電子データ保存に必要な法的要件には、どんなものがありますか？

## A

法的要件は財務省令（規則第3条第1項）で定められています。

一つめは「真実性の確保」で、以下の点が求められています。

①「訂正削除履歴の確認が可能か」（帳簿のみ）

②「他の国税関係帳簿並びに国税関係書類と相互に関連する項目を持ち、互いに確認可能か」（帳簿のみ）

③データ作成にあたり社内で決められたルールに基づき入力ができているかを確認するための「関係書類の備付」

二つめは「可視性」の確保で、以下の点が求められています。

④見読可能性の確保（保存データをディスプレイやプリンタなどを使い、画面や書面で、整然とした形式及び明瞭な状態で出力可能）

⑤検索機能の確保（保存データを、速やかに検索でき、結果を表示することが

できること）

**Q3** スキャナ保存の対象になるのはどのような書類でしょうか？

**A** スキャナ保存の対象になるのは、施行規則第3条第3項に規定された書類を除く、すべての国税関係書類です。

右記の規則で規定される書類とは、具体的には棚卸表、貸借対照表及び損益計算書などの計算・整理または決算関係書類を指します。

**Q4** スキャナ保存に必要な法的要件について教えてください。

**A**

スキャナ保存を行う際に留意すべき法的要件は、五つあります。

①　真正性の確保（書類作成または受領後の速やかなスキャニング／タイムスタンプ付与／入力者情報確認／スキャナ装置のスペック維持／データの訂正・履歴の保存）

②　見読可能性の確保（ディスプレイ・プリンタのスペック保持。画面または書面にて、整然とした形で明りょうな状態で出力可能）

③　関係書類の備付（文書管理及びスキャナ保存業務に関係するシステム関係書類並びにスキャナ保存事務処理に関する規程類を保存する）

④　相互関係性の確保（スキャナ保存する書類と国税関係帳簿（関係する帳簿）との間において相互に関連性を確認できる状態を確保）

⑤　検索機能の確保（日付・金額による範囲指定、主要な記載項目などによる複合的な検索機能が必要）

Q5 電子データへの入力期限が厳密に決められていますが、1日でも遅れた場合、電子データでの保存はできないということになるのでしょうか？

A 原則としては、1日でも遅れた場合は要件違反となるのですが、期間内に入力できなかった特別な事由がある場合に、入力できない事由が解消した際に直ちに入力した場合、期間内に入力したとして取り扱われます。

それ以外の理由で誤って期間を過ぎてしまった場合でも、保存要件に基づき、データ保存を行うと同時に、書面での保存も行う必要があります。ただし、意図せず期間を過ぎてしまった場合に限ります。こうした事例が散見される場合、保存要件を満たしていないと見なされ、承認取り消しの対象になります（法8条1項1号）。

Q6 スキャナ保存制度では、スマートフォン撮影画像の場合、3日以内に処理しないといけないのでしょうか？

**A**

スマートフォン撮影の場合、入力（撮影後、タイムスタンプが打刻されるまで）行為に相互牽制（スマートフォン撮影者と確認・タイムスタンプの打刻者が別人であること）が成立していれば、通常の経理業務サイクル（30日＋7日）で処理してかまいません。ただし相互牽制が有効でない場合は、改竄防止のため、きわめて速やか（3営業日以内）に入力を完了させる必要があります。

**Q7**

スマートフォン画像がピンボケで数字が確認できない場合はどうすれば良いでしょうか？

**A**

電子帳簿保存法では、見読性（画面ではっきりと見え、印刷して確認ができること）が求められています。数字が確認できないということは「見読性」が担保できていない、ということで、データ保存したと見なされません。その場合、保存可能期間内であれば、再度撮りなおす、またはスキャナ機器等でスキャンしなおすことで電子保存は可能ですが、保存可能期間を過ぎてしまった場合は、書面で保存するしかありません。

## Q8

**スキャナ保存の申請手順を教えてください。**

**A**

申請の手順は、以下の通りです。

① スキャナ保存を行う目的を明確にする。（例：業務効率化／内部統制強化等）

② 申請書類の特定（例：支払申請業務の請求書・領収書）

③　②で決定した書類の処理に関わる業務に関係する書類の整備（既存の規程／新規で作成する規程（適正事務処理要件等））
④　スキャナ保存に使用する機器の選定（スキャナ、スマートフォン等）
⑤　スキャナ保存対応システムの導入検討
⑥　申請書の作成・提出

**Q9**

**次年度からスキャナ保存制度を採用したいのですが、いつまでに申請すれば良いのでしょうか？**

**A**

次年度開始日の3ヶ月前までに申請を出すことで、次年度からの適用が可能となります。たとえば、期首が4月1日の会社の場合は、前年の12月末までに申請を行うことで、期首から適用できます。

## (B) 総務関連

**Q1** 当社は上場会社で役員数が30名超です。毎月の取締役会議事録の各役員の署名・捺印作業に多くの時間を費やしています。会社法上、役会議事録の電子化が可能と聞きました。概要を教えてください。

**A** 会社法上、書面でも電子データでも、取締役会議事録を作成することができます（法第368条第3項並びに第4項）。書面で作成された議事録には、署名又は記名押印が必要ですが、電子データで作成する際にはそれに代わる措置を取る必要があります（法369条第4項）。その手段としては「電子署名」であると定義されています（施行規則第225条第6号）。この電子署名とは、署名行為を行ったのが誰かを示すものであり、かつ文書情報が改変されていないことを確認できる措置を電子データに対して行うこと（施行規則第225条2項）です。これは、電子署名法第2条1項に相当します。

また、電子データで作成した書類を、法務省の商業・法人登記のオンライン申請の添付書類に用いる場合には、署名する際に利用可能な電子証明書が指定されています（商業登記法施行規則１０２条）。具体的には、取締役会議事録を添付資料として提出する際には、代表取締役に関しては法務局で発行される電子証明書を、その他の取締役に関しては、認定認証業者が発行する電子証明書、またはマイナンバーカードに内蔵されている署名用電子証明書を用いて、署名を行う必要があります。

また、書面で作成した役会議事録をスキャナなどでスキャニングし、ＰＤＦなどの形式で電子文書化し、保存・保管することも可能です（施行規則第２３１条・２３２条第1項第13号・第２３３条）。

## Q2 当社は稟議書が非常に多いのですが、紙で保管しなくても良いですか?

A

稟議書に関しては、特に保存義務の法的要件は存在しません。しかし社内の意思決定過程を明らかにするものであり、特に支払承認、売上承認等、社内のモノやお金の動きに関連するものも多く、会計監査等の意見形成上、重要な書類です。そのため、その稟議自体が、社内ルールに基づき適切に行われていること（いつ・誰が・どの申請に対して承認したのか）が証明されることがとても重要です。

そのためには、電子帳簿保存法対応でも利用されている「電子証明書」「タイムスタンプ」による電子署名が、とても有効です。これらの技術を用いることで「いつ」「誰が」「どの稟議に対して」承認したのかを確かな証拠として残すことができます。

Q3

当社は全社的にペーパーレス化を進めています。経理関連はほぼ目処がついたのですが、会社法上要求される保存書類もペーパーレス化の対象にできますか？　またその際の要件はどのようなものですか？

**A**

会社法で株式会社に保管を義務付けられている文書については、電子データでの保存が可能です。対象書類については主に以下の通りです。

○　定款、創立総会議事録、株主総会議事録、取締役会議事録、監査役会議事録、監査等委員会議事録、各事業年度に係る計算書類、事業報告書、社債原簿、貸借対照表　など

文書の種類によって保存期間と保管場所が定められており、電子データで保管する場合は、紙やモニター画面で出力できることが求められます（施行規則226条）。

○　また、e－文書法に基づき、紙の書面で作成した文書をスキャニングして電子化した書類データを保管することもでき、その際には明瞭かつ整然とした形式での、画面と紙での出力が可能であることが求められています（施行規則第232条・233条）。

## (C) 法務関連

**Q1** 電子契約サービスを導入したいのですが、どのようなものを選べば良いでしょうか? 電子署名を使うものと使わないものがありますが、その違いは何ですか?

**A** 電子契約サービスは、主に2種類に分けられます。一つは俗に「電子サイン」と呼ばれるもので、電子メールや手書き署名、署名画像などを用いて、契約当事者が契約書に署名を行い、契約を締結するものです。もう一つは電子署名法に基づき、発行された電子証明書(契約当事者向けに発行された、オンライン上で「当事者」であることを証するための「電子のハンコ」)を用いて行う「電子署名」により、契約を行うものです。

法的にはどちらの方法でも問題はありません。民法の「契約自由の原則」により、当事者同士は自由に契約を結ぶことができることから、どちらの方法で行った場合でも「契約」自体は成立します。

ただ、金消契約や不動産売買契約など、特に高額な契約に関しては「確かに当事者同士が確認し、合意をした」という証拠を残す意味で、合意内容を記載した契約書を交わすことは重要です。紙の書面では印鑑登録済の実印を押印することで契約行為の真正性を担保していますが、電子契約の場合も、契約行為の真正性をいかに確保するのかが鍵となります。

「電子サイン」を使う場合では、ワンタイムパスワード等を用いて本人確認の上でしか署名できない環境を用意することで真正性を担保するという方法があります。しかし、より真正性が高いのは、本人確認の上に発行される、電子署名法に準拠したPKI方式の電子証明書を用いた電子契約です。

これにより、電子契約システム上だけでなく契約書の書面に対しても、当事者同士が確認し署名をしたという証拠を残すことができます。

## Q2 電子署名とはなんですか？

## A

電子署名とは電子文書に付与されるもので、「署名者が間違いなく本人であること」を担保することを目的としています。つまり、紙文書で付与される印鑑や手書きの署名の役割と同じ役割を果たすものです。電子署名の役割は主に二つあり、一つは「書類作成者の本人性」の確認ができること、そしてもう一つは「内容の同一性」（非改竄性）の確認ができることです。紙の書類では、「書類作成者の本人性」は印鑑登録済の実印で確認できますが、内容の同一性に関しては、見た目の文字や数字が変わっていないかという目視確認しかできません。しかし電子署名を用いれば、内容に変更がないかどうか、瞬時に確認することができます。

## Q3 電子署名は印鑑と比べて危なくありませんか？　金庫などで厳重に管理している

印鑑と違い、勝手に使われてしまうのではないでしょうか？

**A**

電子署名も印鑑と同様、適切な管理が必要です。特に電子署名にはパスワード等「本人だけが知り得る情報」があり、それを適切に保管・管理し、本人以外に不適切に利用されることを防止しなければなりません。ですが、それは印鑑も同じことです。「デジタルはアナログよりも危険」とは、いちがいに言えません。

**Q4**

税法の電子帳簿保存法・スキャナ保存制度による契約書の電子化と、電子契約は同じものですか？

**A**

契約書の電子化と電子契約は、まったく意味合いが違います。前者は「書面」で締結された契約書をスキャナ機器を用いて電子化し、それを原本として保管することで、書面の契約書が存在したことを「いつ」「誰が」確認したかということが確認できます。一方、電子契約自体は、契約書の作成ならびに契約書に対する承認（押印行為）を電磁的手法で行うものです。つまり、PDFなどで作成された契約書データに対して、契約当事者が自らのハンコに当たる「電子証明書」を用いて電子署名をすることにより、「契約当事者の本人性」の確認並びに「書類の実在性・非改竄性」を確保することができます。そのため、紙の契約書を電子化し保存・保管するよりも、電子契約を締結し、契約書データを保存・保管する方が、契約行為について高い真実性を担保することができます。

## Q5 電子契約において、相手方から「従来の紙の契約書が良い」と言われた場合、電子契約として成立しますか？

**A**

契約の当事者全員が電子契約上で署名しないと、電子契約として成立しません。

## Q6

**締結済みの電子契約をプリントアウトした場合、写しとして利用できますか？**

**A**

締結済みの電子契約をプリントアウトする場合、印刷された紙に「この契約は電子契約で締結されたものであり、これは写しである」旨の記載が必要です。その記載がないとプリントアウトした契約書が原本とみなされ、課税文書である場合は印紙の貼付が必要になることがあるので注意が必要です。

## Q7

**署名済の電子契約データを自社で保管したいのですが、コピーも有効でしょうか？**

## A

電子データに関しては、「コピー」をしたとしても原本となるデータとまったく同一のものとなります。よって署名済みの電子契約データを自社のファイルサーバーで保管しても、それは有効です。

## Q8 電子契約サービスを解約した場合、ゲスト側の電子契約はどうなりますか？

## A

電子契約サービスでは、契約時に有効な電子証明書によって、契約を締結しています。そのため電子契約サービスを後日解約しても、当時の契約自体は有効です。ただし、タイムスタンプによる長期署名処理で、契約時に有効な電子証明書で契約が交わされたことを担保しておく必要があります。Paperlogicでは、長期署名の機能を付与することで、契約書の有効性を確保しています。

**Q9** 電子証明書の有効期間が過ぎたらどうなるのでしょうか？

**A** 新たに契約を交わす場合のうち、電子証明書が必要な場合は再度取りなおす必要があります。ただし、すでに署名されている契約書類について長期署名が施されていれば、その署名が契約当時に有効であったことが確認でき、それによって契約も有効であると確認できます。

## (D) その他ペーパーレス化への取り組みに関する質問

**Q1** ペーパーレス化システムの選定上の留意点は何ですか？

**A**

ペーパーレス化を検討する際のポイントとなるのは、主に以下の項目です。

- ○ 法令対応範囲（自社でペーパーレス化をする際にどの法令に対応するのか？）
- ○ 操作性（マニュアルフリーで操作可能か？）
- ○ 継続的なアップデートの有無（法改正にリアルタイムで対応できるか）
- ○ 他システムとの連携（会計システム等、基幹系業務システムとの連携の可否）
- ○ セキュリティ（情報セキュリティ3要素である機密性・完全性・可用性が満たされているか）

**Q2** ペーパーロジック株式会社にて提供予定であるpaperlogicは、システム上必要な要件をどの程度満たしているのでしょうか？

**A**

当社で提供予定であるpaperlogicは、ペーパーレス化システムに求められる要件を高度なレベルで満たしています。

○　e－文書法完全対応を目指して開発されたソリューションである。
○　ワークフローシステムを活用し、法的対応をルール化するなど、高い操作性を持つ。
○　クラウドサービスであるため、随時のアップデートが行われる。
○　APIを用いた他システムとのデータ連携が可能。
○　WAFなどを用いた、高度なセキュリティ環境を実現している。

## Q3

関連法規すべてを意識しながらペーパーレス化を進めるのは、正直なところ実務上厳しいと感じています。これまで通りに書面による業務処理・運用で行った方が現場は楽なのではないでしょうか？

**A**

確かに処理すべき書類自体が少ない場合、紙の方が処理はしやすいですが、一定数以上の紙処理が発生する場合、それは無視できない業務上のコストとなります。

調査機関のIDCや民間企業のAdobeの調査によると、デスクワーカーの業務に占める紙の処理・検索などの時間が、彼らの生産性に大きく影響しているという結果が出ています。そうした課題を抱えている企業がペーパーレス化に対応すると、切り換えの手間はかかりますが、中長期的には大幅な業務コストの削減、物理的なコストの削減につながります。特に紙処理が多い企業にとっては、大きな効果が期待できます。

当社では「専門的な知識がなくても、法的要件を満たし、ペーパーレス化を実現できる」ということをゴールとして、サービスを提供しています。paperlogicシリーズではワークフロー機能の活用により、業務フローの中で書類の受領から確認・突合、タイムスタンプ・署名といった一連の「入力プロセス」を、マニュアルフリーで行うことを実現しています。

そのため、導入時に作成した規程（スキャナ保存規程／適正事務処理規程等）に合わせた設定（入力者、突合・承認者、メタデータの入力・保管担当者の設定、経路の設定）を行うことで、ユーザーはワークフローを回していくだけで、電子帳簿保存法に対応した業務を行えるのです。

法律の文章は難解ですし、それを解説する手引きも独特のお役所文調で書かれていますから、言わんとするところを理解するのはなかなかたいへんです。電子帳簿保存法の内容をすべて正確に理解したうえで業務にあたれれば理想的ですが、それは決して簡単ではありません。ですがpaperlogicならば、使うだけで法律に準拠した業務ができます。そうした意味では、導入のハードルは決して高いものではありません。

## Q4 ペーパーレス化した領収書や請求書のデータ、取引先との契約書データなどを、会計システムやERP、顧客管理システムなど他のシステムと連携させ、データの一元管理と入力業務の省力化を図りたいと考えています。可能でしょうか？

**A** 電子帳簿保存法においても、帳簿情報との関連性を明確にすることが求められるため、会計システムの帳簿情報との関連性を確保するのは法令対応並びに業務効率上必要と思われます。以前はシステム間のデータ連携のために追加の開発などが必要でしたが、現在では、各アプリケーションにあるＡＰＩ（Application Programming Interface）を活用し、連携を効率的に行うことができます。

当社でも、paperlogic でＡＰＩを順次公開し、システム間連携を実現できるよう、準備を進めていく予定です。

**Q5** **ペーパーレス化を進めていく上で面倒なのは、入力作業や承認作業が多いことです。これらの作業を効率化・自動化してくれるような技術はないのでしょうか?**

**A** 「入力」並びに「業務」の省力化を実現する技術は、この数年間で急速な発展と普及が進んでいます。一つはスキャニングの際に書面に記載されている金額や取引先名、日付などを読み取り、メタデータ化する「OCR」という技術ですが、現在はAI（人工知能）の技術を加えた「AI－OCR」という技術に進化しており、ここ数年で認識率は飛躍的に向上しています。英語など他の外国語と比べ、日本語は利用される文字が多いため難易度が高いのですが、この数年で実用に耐え得るレベルに達するといわれています。

また業務の自動化として期待されている技術は「RPA（Robotic Process Automation）」と呼ばれるもので、現在PCで人の手で行われている作業や業務を自動化し、特にルーティンワーク（＝難易度は低いが手間がかかる仕事）に関する業務負担を大きく軽減することが期待されています。

当社でもこれらの技術を活用し、ペーパーレス化をより簡単に、便利に行えるよう、paperlogicの提供価値の向上に努めていきます。

## Q6 最近、「ブロックチェーンを使って、取引や契約の非改竄性を担保する」というニュースを見ました。ビットコインでしか聞いたことがなかったのですが、ブロックチェーンという技術はペーパーレス化とも関係あるのでしょうか?

## A

ブロックチェーンを簡単に説明すると、インターネット上で行われる「取引データ」(トランザクション)を複数のかたまり(ブロック)にまとめ、これらが連なるように保存されている状態のことをいいます。ブロックチェーンは複数のコンピュータで分散して管理されており、そのためシステムが実質的にダウンせずに稼働する……つまり高い可用性を持ちます。取引データは暗号化され分散保存されており、暗号化されたデータは不可逆性(後戻りはできない)があるため、改竄ができません。これは分散したすべてのデータを改竄すること自体が実質不可能であるためです。

こうした特徴を持つことから、ブロックチェーンはインターネット上で行われる取引のデータに対して真正性を担保するための技術として注目されています。

現在、契約行為にブロックチェーンを活用する「スマートコントラクト」と呼ばれる技術の開発・研究が進んでおり、国内外で実証実験が進んでいます。今のところは電子証明書とタイムスタンプによって、書類と取引の真正性を担保していますが、将来的にはブロックチェーン技術がこれらに取って代わり、インターネット上の安心・安全な取引を行うための技術基盤となるでしょう。

当社においても、paperlogic上にて行われる取引・承認行為ならびに電子契約といった機能の付加価値強化のため、ブロックチェーン技術を応用したサービスの実用化に向けた調査・研究を始めたところです。

## （E）paperlogicに関する質問

**Q1** 電子帳簿保存法に対応したいのですが、当社は社員十数人と規模が小さいため、ファイルストレージだけで対応できないかとも考えています。ワークフロー機能を導入しないと、完全対応はできないのでしょうか？

**A**

電子帳簿保存法が要求する要件を満たすことができれば、ファイルストレージのみでの運用も可能です。ですがワークフロー機能を導入することで、より確実に法的要件を満たすことが可能になること、小規模の組織であれば導入・運用のコストも比較的低く抑えられることから、ワークフロー機能と組み合わせた形での対応を推奨します。

**Q2**

電子帳簿保存法に対応するならば、入力確認時にタイムスタンプを打刻するだけで良いはずですが、paperlogic では電子証明書による電子署名も組み合わせているのはなぜでしょうか？

**A**

以下の理由から、電子証明書による電子署名を組み合わせています。

理由その1：電子帳簿保存法以外の法令対応

電子文書に関連する法律は、電子帳簿保存法だけではありません。たとえば「e－文書法」によって電子保存が可能となった書類も数多くあります。そしてそれらの書類の中には「電子証明書による電子署名」を義務付けているものもあるのです。

税務関係書類だけの電子化を考えれば良いのならタイムスタンプだけでも対応は可能ですが、電子証明書を利用可能なプラットフォームを利用することで、e－文書法全般に対応することができるようになります。今後の電子文書関連の法整備の広がりを考えても、より広範に対応できるシステムを用意しておくことが社内文書情報のペーパーレス化を検討する際適切であると考えます。

また、法令によって必要となる電子証明書は異なりますので、詳細については電子帳簿保存法やe－文書法に精通した会計士・税理士や法令に精通した弁護士といった各種専門家に相談されることをお勧めします。

理由その2：監査の見地から、電子証明書による電子署名を組み合わせることが

書類の真正性を担保する上で重要であると判断したため

○日本公認会計士協会では、協会の見解として「監査対象となる書類を電子化する際には、『いつ承認したか』だけでなく『誰が承認したか』ということも書類に紐付いて管理される必要がある。そのためには突合し、書類を承認する人間による電子署名が付されていることが望ましい」としています。

つまり実際に監査業務を行う公認会計士の意見としては、監査という範疇で見た場合、税務関係書類にも「タイムスタンプ」だけでなく「電子署名」が施されているほうが、書類の真正性をより高めるという意味で望ましいことだ、というわけです。

paperlogicでは公認会計士・税理士の監修のもと、監査対応においても効果を発揮できるよう、タイムスタンプと電子証明書の両方を利用可能としています。

## Q3 スマートフォン画像にも電子証明書は付けることができますか？

**A** スマートフォン画像（ＰＮＧ・ＪＰＥＧ等）の形式のままでは電子証明書は付与できません。paperlogic では、撮影した画像データをＰＤＦに変換し、電子署名を行います。

## Q4 バックアップは取っていますか？

**A** はい、当社はクラウドサービスを利用しており、通常サービス提供を行っている環境と別のロケーションにバックアップをとっております。

# 第六章

# ペーパーレスシステム導入事例

## ◆企業が次々とペーパーレス化へ動いている

ペーパーレス化は現在、着実に普及が進んでいます。

私が「これからはペーパーレスの時代だ」と声を上げ始めた頃、世間の反応は「なんだい、それは?」という冷ややかなものでした。数年経つと「確かに良いものだ」と理解を示す方が増えてきましたが、それでも「まあ、うちにはまだ必要ないよ」と言われることが多かったものです。

しかし今では政府が率先してペーパーレス化の旗を振り、税法や会社法といった関連法規の整備も進められてきました。いくつかの大企業や財務省で起こったデータ改竄《かいざん》問題もあって、安倍首相や小泉進次郎議員をはじめとする政治家からも、ペーパーレス化のさまざまな効用をアピールする発言が聞こえるようになりました。

そうした状況にリアリティを感じたためか、これまでは「まあそのうちに……」と腰が重かった経営者の方々が、次々とペーパーレス化への具体的なアクションを起こしています。

作業効率を高めたい、内部統制を強化したい。その理由はさまざまですが、私たちペーパーロジック株式会社が提供するペーパーレスシステム「paperlogic」を導入されたクライアントの中から、サンプルとなる事例をいくつかご紹介しましょう。きっと参考になるはずです。

なお、文中では企業名・人名の特定を避けるため、内容を一部改変しています。ご了承ください。

## ◆導入事例01：A株式会社

上場企業　製造業

導入ニーズ：業務の効率化、スピードアップ、並びにコスト削減

### ・A社が抱えていた課題：

#### 紙ベースの稟議・申請業務による大量の「紙」の処理・保管

上場企業かつ、グローバルにビジネスを展開しているA社ですが、工場や営業所などの支払に関する稟議申請を、すべて紙で行っていました。また稟議の過程で部署ごとに稟議・承認を行った証拠として、承認した書類のコピーを保管するといった作業も併せて行っていました。もちろんすべて紙での処理で、ビジネスデータの

IT化が進んでいなかったため、現場の業務負荷はかなり大きく、マンパワーの面でもスピードの面でも業務負荷の軽減が大きな課題となっていました。この課題を解決したい、という思いから、ITの活用による業務と書類のペーパーレス化を検討するに至りました。

## ・導入の決め手：導入のための業務も含めた支援・コンサルティングサービス

当初、当社以外にも国内外の同様のソリューションを提供するベンダーが数社あった中で、クライアントが重視していたことの一つが「導入のためのコンサルティング・支援サービスの有無」でした。これまで紙ベースで行っていた業務をペーパーレス化するにあたり、スムーズな移行のため、システムを導入するのみでなく、いかに業務を変えるか、電子化するための法令にどのように対応するかといったことも検討する必要があります。そのためにはシステムやソフトウェアの知見だけではなく、会社業務や文書情報の電子化・ペーパーレス化に必要な法令に関する知識も必要になります。また、定着化のためには、社員教育などの継続的な支援も必要になります。

上記の要件に関して、会計士・税理士としての専門的な知見をもってサポートできるということが決め手になり、当社サービスの導入が決定しました。

## ・導入後の効果

①紙　⇓　ＰＤＦの電子化によるコスト削減

先述の通り、Ａ社では稟議申請業務を紙で行っていました。そのため、全国の営業所・工場から大量の紙が本社経理部や庶務課宛に送られ、承認処理が行われ、承認された情報を会計システムへ手入力、そして書面情報は書庫や倉庫に保管・管理と、紙の処理・保管にかかるコストが膨大でした。

しかし当社サービスを導入後、紙で回していた稟議申請がすべて電子化され、書類を郵送する必要がなくなりました。また画面上でいつでも申請内容を閲覧できるようになったことから、部署ごとで書面情報を複製・保管する必要もなくなり、紙の印刷コストも大幅に削減できました。

②紙　⇓　電子データの活用による業務効率化

またA社では申請で回ってきた書面の帳票の情報を経理担当者が手入力し、社内の会計システムに入力をしていました。この手入力にかかる業務コストも膨大で、経理担当者の負荷は大きなものでした。当社サービスの導入後、電子化した書面データには、帳票発行日、取引先名、金額など、会計システムに入力すべき仕訳データとなるデータがメタデータとして入力されており、これをそのまま会計システムへ取り込めれば良いと考え、当社サービスとA社が利用する会計システムとの間でデータ移行ができる仕組みを作りました。これにより、申請から経理によるデータ入力までの業務を、これまでよりも大幅に短い時間で処理ができるようになりました。

当初は、①の効果を目的としてペーパーレス化を推進しようとしていましたが、取り組んでいる過程で「電子化」＝「紙の情報のデータ化」という面で、②による付加価値の向上も図ることができるということが見えてきました。A社では今後、支払申請だけでなく、社内業務全体において業務効率化・コスト削減ができないかという視点から、ペーパーレス化を検討しています。

・本事例のポイント：業務並びに文書電子化の専門家による支援

ペーパーレス化を進める際に忘れてはならないのは、電子化する文書について規定されている法的条件をクリアすることです。その際に留意すべきポイントは以下の通りです。

1. リアルタイムでの法令変更への対応

現在、市場では国税関係書類を電子化するための「電子帳簿保存法」対応のソフトウェアサービスは数多くリリースされていますが、基本的にはどのシステムでも現行法規上、問題となることはありません。

ですが法律というものは、改定されるものです。特にまだ新しいペーパーレス化の分野ではその頻度も高く、実際に毎年のように改定・改正が繰り返されてきています。そのたびにシステム側の対応が必要なのですが、バージョンアップのタイムラグは短ければ短いほど良いのは当然のことです。そのため、システムの選定に当たっては、「法令変更にリアルタイムに対応しているか」ということも鍵になります。

2. 「電子帳簿保存法」以外の法令に対応しているか？

さらに、ひとくちに「関連法規」といっても、その領域は税法や会社法など多岐にわたり、それぞれにペーパーレス化のために求められる条件が違います。これに対応するには幅広い法律並びに業務に関する知見が必要となります。

これらのポイントへの対応を社内の経理部門や総務部門に求めるのは、たいへん酷な話です。そのために多くの企業がペーパーレス化に興味を持ちつつも挫折してしまいます。それを避けるためには、法律並びに関連業務に詳しい外部の専門家の力を借りることです。現在では、ＩＴサービスベンダーと専門家がタイアップし、企業のペーパーレス化を業務と法令対応、そしてシステム面も含め、包括的に支援をするという動きも出ています。現在では、電子化の法令対応に明るいコンサルタントや会計士・税理士も増えてきています。

### ◆導入事例02：B株式会社

上場企業　自社開発のオンラインゲームサービス

導入ニーズ：内部統制の強化

## ・B社が抱えていた課題：急成長で増した内部統制強化の必要性

ＩＴ関連企業にとって、自社開発のソフトウェアのヒットは、非常に大きな収益増につながります。ことにオンラインゲームはユーザーの分母数が大きいためか、1年ほどの間に数十億円規模の売上増となることもあるようです。ただ急成長の裏側では、社内での統制強化の必要性も増していきます。そうしたニーズに対しても、ペーパーレスシステムの導入は非常に有効に働きます。

Ｂ社は優れた開発力を武器に成長を遂げ、ある期には前年同期比で2倍以上、70億円近い売上を達成しました。ところが組織としてのマネジメント面が手薄で、特に内部統制の強化は必須と見られました。マザーズから東証二部への変更を検討していたこともあり、当初は内部統制強化のためのソリューション導入を考えていたようです。ところが、その目的にフィットするシステムは市場にほとんど見あたりません。そこでペーパーレスシステムを活用することで、内部統制の強化を図ろうと考えたのです。

・導入の決め手：

稟議申請の真正性強化という意味での「タイムスタンプ」と「電子署名」

内部統制の強化ということで、B社もワークフローシステムの検討をしていたようですが、当社サービスに対して興味を持ったきっかけが、当社が「法令対応」のための機能として提供していた「電子署名」並びに「タイムスタンプ」の機能でした。タイムスタンプは「いつ」、電子署名は「誰が」、どの書類・申請に対して承認をしたかということを、証拠として残すという役割があります。法令対応に関しても、この機能を活用しているのですが。B社はこの機能を「内部統制を適切に行っている証拠を残す」という意味合いで興味を持ち、他にはない機能だということで当社サービスの導入を決めました。

・導入の効果：内部統制の強化への貢献

現在B社では、全社員のアカウントを作成し、①社内稟議、②クリエイターの作業日報承認といった業務での活用を行っています。電磁的に稟議を回すことで、会社の意思決定プロセスをきちんと「記録」が残る形とし、書類の不適切な改竄《かいざん》や書類の捏造といった不正の可能性を排除することに成功しました。

また、社外の取引先との電子契約も試験的に開始し、活用の幅を広げようとしています。

## ・本事例のポイント：ペーパーレス化は「内部統制強化」にも寄与する

企業、特に上場を控えた企業や上場して間もない企業が抱える業務課題として最も重要なのは内部統制です。しかし、良質なサービスを作り、販売することばかりに注力し、急激に売上を伸ばしてきたＩＴベンチャー企業においては、効率的かつ安全な業務フローの構築や、その中での相互牽制の効かせ方などは、「やらなければならないが、興味が薄い」業務範囲であり、不得手な作業に違いありません。一から学習し、さらに組織に根付かせるためには、かなりの時間と労力を必要とします。

今回のB社は、当社のペーパーレス化支援サービスを導入することで、内部統制に大きな一歩を踏み出すことが可能になりました。ワークフローシステムの特長として、まずシステム上ではルール通りに処理しなければ先に進むことができません。もちろんそのルールは勝手に変えることはできず、いかなる例外も認められません。

そして、ワークフロー上にて回覧・承認された文書には電子署名とタイムスタンプが残りますから改竄できず、無理に書き換えればその記録が明確に残ってしまいます。「内部統制に手を付けないといけないんだが、どうしたものか……」と悩む企業トップには、簡単に内部統制が強化できるということで、効果を発揮しました。

企業の内部統制に緩みがあると、それはさまざまな不正の温床となります。現金や証券類、各種の契約書、機密性の高い情報などを金庫に収め、厳重に管理していたとしても、決して万全ではありません。管理者にとっては「いつでもタッチすることができる」という状況に変わりないからです。

近所づきあいから企業間取引に至るまで、私たちは常に善意を前提に他者と接していますが、その善意はどんな状況でも100%保証されているわけではありません。担当者や管理者など、権限を持つ人間が悪意をもって書類を改竄したり、架空の取引を捏造したりといった可能性は十分にあります。実際、過去に報道を賑わせてきた詐欺事件や横領事件は、そのほとんどがこうした手法で行われてきました。

実に古典的なやり方ではありますが、売上が急速に伸びているような状況で、しかも目立たない頻度で見立たない金額を少しずつ動かしていくと、なかなか露見しにくいものです。もちろんこれは明らかな犯罪行為なのですが、不正を許してしまった組織の統制の甘さに対して、上場企業であれば管轄官庁からの指導や処分を受けることになりますし、ことの大きさによっては上場廃止という事態にもなりかねません。

これこそが、アナログ的管理の限界なのです。それ以上の厳格さを求めるのであれば、電子署名とタイムスタンプをベースとした、デジタル的管理に移行するほかないでしょう。

内部統制の重要性についてはほとんどの経営者が認識しているはずですが、緊急性がいまひとつ感じられないためか、つい「そのうちに……」となりやすいようです。しかしこれでは「平和ボケ」と言われても仕方ありません。何ごとかが起こってからでは遅いのです。逆にペーパーレスシステムによって統制を引き締めておけば、それは社内外に対して企業運営の健全性を示すアピールポイントにもなります。

内部統制は業種や企業規模に関係なく、早急かつ万全に対処すべき課題だということは、すべての経営者の方々にあらためて認識していただきたいところです。

## ◆導入事例03：C株式会社

非上場企業　アセットマネジメント
導入ニーズ：情報の一元化、印紙税の抑制
※親会社である持ち株会社がジャスダック上場

### ・C社が抱えていた課題：情報の適切な管理と業務効率化の両立

C社は顧客から資産を預かり、投資運用を代行するアセットマネジメントを業務としています。有価証券も扱いますが、過去の実績から不動産に強く、REIT（不動産投資信託）を事業の大きな柱としてきました。不動産関連業界は、非常に「紙もの」が多い業界でもあります。登記謄本、印鑑証明、各種の図面や関連資料、契約書や覚書……。顧客にとっては大事な情報ですから、管理には万全を期さねばなりませんし、ワークフロー上、紙に記された情報をさまざまな形で転用しなくてはならず、そのたびに入力・確認の手間がかかります。そこで、業務効率化・コスト削減のためのペーパーレス化が検討され、システム導入の検討が行われました。

**・導入の決め手：**
**ペーパーレス化によるコスト削減・業務効率化。並びに、電子契約**

ペーパーレス化を検討する際に、当初は紙を減らすことを目的としていました。しかしこの会社ではＲＥＩＴをはじめとした不動産投資ファンドの運営・管理を行っており、その中で不動産取引に関する多くの契約書が発生します。契約書の作成・確認・締結から保管といった作業にかかるコストが大きいということもさることながら、高額の取引が発生することから、それに応じた高額の印紙税が契約書にかかります。当社では電子契約のサービスを提供しており、契約業務の負担軽減に合わせ、印紙税を削減できるというメリットから、当社サービス導入を決定しました。今後、ワークフローシステムの導入による業務効率化から始め、ＲＥＩＴの不動産売買契約の電子化を行い、大幅なコスト削減の実現を目指し、取り組んでいます。

**・本事例のポイント：電子契約によるコスト削減**

本事例のポイントになったのは、「電子契約」です。契約業務の電子化が注目される理由は主に二つあります。一つ目は、大量の契約書の作成・締結・保管・管理といった「契約業務そのもの」の負担軽減。そして二つ目は、契約書に貼られる「印紙税」の削減です。

不動産や派遣などの業界では、とかく契約書が多くなります。そしてこの契約書の作成と契約締結までのプロセスに、多くの時間と手間、その結果としてのコストがかけられています。まず法務部や管理部も関わりながら書面を2通作成し、双方で内容を確認して捺印、それぞれに保管……。このやりとりだけで時間とコストを消費していますし、その後の社内での保管についても、前項でお話ししたような負荷がかかります。しかしペーパーレス化によって電子契約が実現すれば、契約締結までの時間と労力は、格段に軽減されるのです。

システムを導入したC社は、二つ目の「印紙税の削減」に着目しました。C社にて当時進行中だった移転登記の案件を例に、電子契約で進めた場合を試算してみると、200億円の売買契約について1300万円ほどの印紙税が不要になる、ということが分かりました。

電子契約は相手のあることですので、自社だけで進めるには難しい面もあります。ですが税制上でこれだけのコストメリットがあるなら、導入しない手はありません。

なお、電子契約における印紙税の要不要については、すでに政府の公式見解として「不要である」との結論が出されています。国の平成30年度予算に占める印紙税はおよそ1兆５４０億円と見積もられており、これは輸入品にかかる関税とほぼ同じ規模で、決して小さなものではありません。

しかし印紙税が不要というメリットを打ち出すことで企業のペーパーレス化を促進し、その結果として生産性が向上して企業の業績が上向いていけば、法人税の増収も期待できます。少子高齢化が続く中で企業の活力と競争力を高めることが政府の意向であり、それがペーパーレス化を政策として推進する理由でもあるのです。

# 終章

# 技術革新が経営を変える

本書で紹介している「ペーパーレス化」は、業務のスピードを加速し、インプットからアウトプットまでの時間を短縮することで、全体の効率化を図るものです。ただし、その本質は、経営メソッドそのものに変革をもたらすものであることです。

ピーター・ドラッカーは、著書『マネジメント』の中で、次のように知識労働者のマネジメント方法を述べています。

働き手が達成感を得るためには、何よりもまず仕事に責任を負うことが欠かせない。

このためには、（1）生産的な仕事、（2）フィードバック情報、（3）たゆまぬ学習が求められる。

仕事を研究せず、業務プロセスを統合せず、満たすべき基準やコントロールのあり方を十分に検討せず、情報ツールを設計しないまま、「仕事に責任を持つように」とただ求めるのは、愚かであるばかりか、経営層の無能さの証でもある。

（日経BP社『マネジメント　務め、責任、実践Ⅱ』２４４P）

ここから分かることは、重要な経営の目標設定は、（1）知識労働者の生産性の向上であり、そのためになすべきことは、（2）フィードバックの仕組み作りであり、そこで求められる組織文化は、（3）学習する組織です。

そして、上記の目的を達成するためには、次のことを行えば良いわけです。

・仕事を研究する
・業務プロセスを統合する
・満たすべき基準やコントロールの在り方を十分に検討する
・情報ツールを設計する

つまり、「ペーパーレス化」による企業改革の取り組みは、生産性の向上を目的とする「働き方改革」であり、経営全体に影響するだけではなく、経営者の最も重要な仕事として位置付けなければいけません。

さらに、情報ツールの進化は、経営メソッドそのものにも影響を与えます。

従来、組織は、主にヒエラルキー型（ピラミッド型）かフラット型（文鎮型）に分類されてきました。これらはそれぞれに特性が異なります。

ヒエラルキー型は軍隊のような組織構造です。軍隊は、大隊・中隊・小隊と分かれ、それぞれに隊長がいて、さらに最上部にトップがいます。

この構造はトップダウンでミッションを遂行するのに都合が良く、また実行も素早くできるという利点があります。

そもそも軍隊は意志決定のための組織ではなく、上層部の決定を実行するための組織ですから、この形のほうが良いのです。

もう一つのフラット型はボトムアップでの情報の吸い上げに優れています。

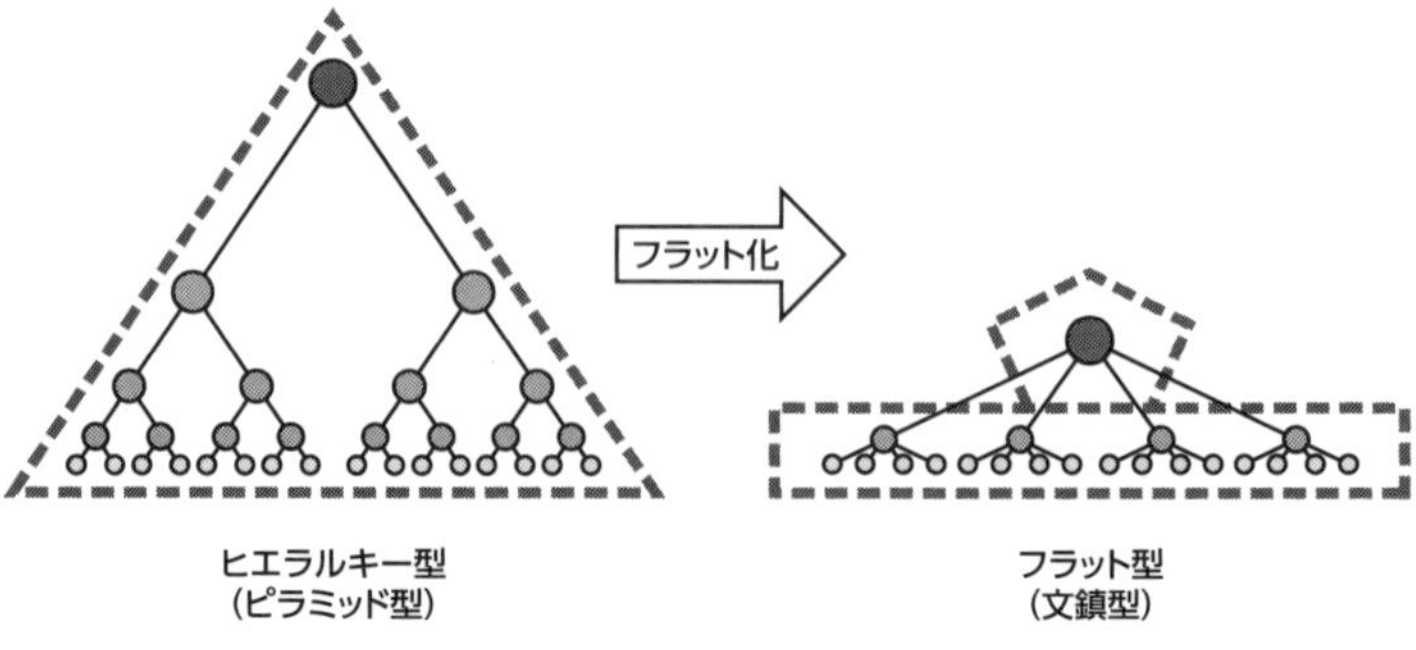


ペーパーレス化による組織構造の変化

そのためトップの意志決定が早いというメリットがありますが、トップとボトムの間に管理職がいませんから、実行させる際のコントロールが行いにくいという難点があります。

日本では多くの企業がヒエラルキー型の組織構造をとっていますが、ペーパーレス化を導入すると、ヒエラルキー型でありながらフラット型に匹敵する情報伝達の高速化が図れるのです。

なぜ、そんなことが可能なのでしょうか？

それはペーパーレス化によって、組織の中のさまざまな部分に、大きな変化が起こるためです。

## ◆ペーパーレス化が組織の構造を超える

製造業における仕事の流れは、「モノの流れ」でした。このモノの流れを管理し効率化すれば、生産力を高めていくことができます。

製造業の工場でいえば、ライン上をモノが流れていき、工程を踏むたびに製品に近づいていきます。つまりモノが横方向へと流れていき、ゴール地点で製品として完成します。

各工程における歩留まりを向上させ、工程間におけるモノの滞留をなくせば、生産性は向上します。すなわち、トヨタの「ジャストインタイム生産システム」のような管理を行えば、工程ごとの在庫を減らし、効率化を図ることができるのです。

しかし、オフィスにおける仕事の流れはモノではなく「情報の流れ」です。それは横方向ではなく縦方向に移動していきます。

ヒエラルキー型の組織であれば現場から課長、部長を経由してトップまでたどり着きます。

フラット型の組織であれば、現場からほぼダイレクトにトップへ情報が届きます。いずれにせよ、情報そのものは形がなく目にも見えません。

従来は報告書や稟議書という形で、紙に落とし込んで情報を動かしてきました。それが現場からトップまで伝えられ、決裁・承認を経て再び現場まで戻ってくる……その往復運動をベースとしてきたのです。したがって、業務の生産性向上や効率化を図るなら、この情報の往復運動の効率化を考える必要があります。

また、情報は、それだけでは何の役にも立ちはしません。

その情報をもとにどのような判断を下すかが求められます。その判断は正確かつ迅速でなくてはいけません。したがって、情報がトップに伝わるまでの経路で、停滞したりバイアスがかかったりということは、あってはならないのです。

「決裁書類が溜まっているなぁ……明日、まとめて目を通しておくか」

「こんな情報はとても上には報告できないぞ……うまく処理しておかないと」

このような行為が常態化しているような企業は、とても発展など望めません。自ら墓穴を掘っているようなものです。

近年、世間を騒がせているさまざまな企業の不正行為も、こうした企業体質が大きく関係しているのでしょう。

ところがペーパーレス化を導入すると、この体質が一気に変わります。

現場の担当者が情報発信した瞬間から、すべての関係者がその情報に触れることができます。

どこかで滞るということがなく、途中でバイアスがかかるということもありません。

リアルタイムでトップにまで情報が届きます。

すると意志決定のスピードは格段に上がり、それを下に下ろすスピードも加速します。

「ペーパーレス化によって経営メソッドが大きく変わる」というポイントは、まさにここにあります。

ヒエラルキー型の組織構造はそのままに、フラット型と同様の情報流通、意志決定のスピードを実現することができるのです。

## ◆効率性の落ちたメールに代わる、情報伝達手段が生まれる

「情報伝達の手段としてなら、メールでも良いのではないか」

こうした意見もあることと思います。

インターネットの登場以来、メールは非常に有用な情報伝達手段であり続けました。

社内外、さらには遠隔地にも瞬時に届き、空いた時間に読むことができ、すぐに返信ができる。

文書や画像を添付して送ることもできる。

プロバイダ契約さえしてあれば、送料もかかりません。

使い勝手の良さは、電話やファックス以上です。


ところが、メールはさまざまなところから一方的に送られてくるものです。

ネットで買い物をしたりネットサービスを利用したりすると、いつの間にやらメールが送られてくるようになった……という経験は、多くの人がお持ちでしょう。

さらには営業メールや怪しげな勧誘メールなど、枚挙にいとまがありません。

私の場合、毎日千件近くのメールを受け取っていますが、その中から必要な情報だけを選り分ける作業に多くの手間と時間を取られています。


組織のトップにいる身としては、情報を入口部分で選別したいという要求は強いはずです。

意志決定に必要な情報だけをワークフローに組み入れ、それ以外の情報は排除する。

重要性・緊急性の高いものだけをピックアップする。

メールではなかなか難しいことですが、ペーパーレスシステムを導入し、その中で情報を動かしていけば、メールよりもはるかに効率の良い情報伝達が可能になるのです。

## ◆ウィンウィンを生み出すペーパーレス

社内での情報流通のペーパーレス化については、すでにSFAやCRMというツールがあり、導入している企業も増えつつあるようです。

これらは主にセールス部門での正確な情報収集や分析、コミュニケーションをリアルタイムで行うもので、業務の効率化・高速化という点で有用なものです。

ですが本書で述べたペーパーレス化とは営業部門だけに限ったことではなく、ましてや社内でのみ完結するものではありません。

むしろクライアントとのやりとりをデジタル化・ペーパーレス化することこそが眼目なのです。

ちょっと考えてみてください。

あなたの会社とクライアントとの間では、数多くの文書のやりとりがあるはずです。

「○○書」と名の付く一連の書類群がそれです。

提案書あるいは企画書、見積書、それらの書類に付随する資料。

首尾良く受注できれば契約書を取り交わし、納品した後には請求書が作られます。

本書で繰り返し述べられているペーパーレス化のメインターゲットは、自社文書以上にこれら対顧客書類にあるのです。

「さすがにクライアント相手となると、ちょっと難しいな……」

多くの方がそう思うでしょう。

しかし、業界内での競合や人材不足、それによる業務効率化の要求などを考えれば、すべての企業がペーパーレス化へと舵を切るのは、すでに必然の流れです。

実体を持たないデジタル契約書に不安を覚える方もおられるかもしれませんが、電子認証とタイムスタンプを使えば、紙による契約書以上の真正性を確保できることは、本書でもお話しした通りです。

またペーパーレスへの移行は、行政の強い要望でもあります。

バブル崩壊後の長い低迷を経て、ようやく上昇傾向に移りつつあるとはいえ、日本の景気動向は今も鈍く、本格的な回復期にあるとはいえません。

この状況を突破し、好況を呼び込むためにはさまざまな施策が必要です。

企業の生産性を上げるというのも、その一つです。

ペーパーレス化の導入によって企業が業務の効率を高め、生産性を上げることができれば、それは日本の国力を高めることにもつながります。

そうしたこともあって、行政は積極的にペーパーレス化を推進しています。

最も分かりやすい例が印紙税の扱いでしょう。

電子契約における印紙税を撤廃すれば、企業……それも規模の大きな企業にとっては、大きなメリットになります。

大企業はこぞってペーパーレスへと向かうでしょう。

それがやがて中小企業へと波及していけば、国内企業の活力は復活するはずです。

行政からすれば一時的な「印紙税の減少」という現象が起こりますが、全産業が元気を取り戻し、利益を増価させれば、やがてそれは法人税として戻ってきます。

国も企業もウィンウィンの関係となりますから、企業に属する個人にとっても、喜ばしいことです。

## ◆「クラウドは危険」は幻想に過ぎない

こうしたメリットを理解しながら、それでもペーパーレスに移行できないという企業は、少なからずあります。

そこにはいろいろな理由があるのでしょうが、よく聞かれるのがクラウドに対する不安感です。

インターネット草創期から現在に至るまで、多くの情報が開かれたネットワーク上を駆けめぐることについて、情報流出の危惧は常に懸念されてきました。

セキュリティに関する技術とノウハウは10年前よりもはるかに向上しているにもかかわらず、今もサイバー攻撃や情報漏洩の不安は完全には払拭できていません。

そのため、外部サーバーを介したクラウドサービスに対して、まるでアレルギーのような拒否反応を見せる企業や経営者の方は、実際にいます。

セキュリティを気にするあまり、大きなコストをかけて子会社や各営業所間を専用回線でつなぐ企業もあったでしょう。

もしかしたら、今もあるかもしれません。

そこまでいかずとも「クラウドは危ないから」と、社内にサーバーを立てて運用している企業はかなり多数に上るのではないでしょうか。

確かに、重要な情報を納めておくサーバーを社外に置くことに対する不安はあるかもしれません。

ですが「餅は餅屋」といいます。

セキュリティの知識や技術は日々進歩しており、クラウドサービスを提供する各社はその最先端に位置しています。

まして彼らにしてみればセキュリティの強固さは、そのまま自社の評価に直結します。それこそ莫大なコストをかけ、最優先で取り組んでいるでしょう。

それ以上の安全な環境を自社で構築できる企業が、はたしてどれほどあるのでしょうか。

近年、メガバンクの一角である三菱ＵＦＪ銀行が、社外にシステムサーバーを設置しました。

トップレベルの高度なセキュリティが求められる金融機関としては異例なことに見えます。

しかしサーバーの管理運用は、それを専門とする企業に委託したほうが、はるかに確実で安全性も高いのです。

三菱ＵＦＪ銀行の決断にはそうした判断があったはずですし、それが常識になってくれば、クラウドの活用はもっと進むでしょう。

さらにはペーパーレス化への流れも加速していくはずです。

上場企業の中には、セキュリティの問題から「クラウドは使用不可」というところも少なくありません。しかし、コストとスピード、さらにセキュリティの実効性というものを冷静に検討し判断するなら、そうした構図も少しずつ変わっていくものと私は考えています。

## ◆ハードルは人の意識の中にある

逆に、ペーパーレス化に伴うデメリットはないのでしょうか？

世の中のさまざまな事象の多くは、メリットとデメリットが背中合わせです。私たちが本書で説いてきたペーパーレス化にも、実は何らかのデメリットが隠されているかもしれません。

誤解を恐れずにいうならば、ペーパーレス化のデメリットは「今までのやり方を変えなくてはならない」ということです。

ワークフローを変えなくてはならない。

スケジュール感をリセットしなくてはならない。

より現実的なことでいえば、新たなツールの使い方を覚えなくてはなりません。

これが、デメリットといえばデメリットでしょう。

しかし、それはペーパーレス化のデメリットではなく、人の意識の内側にある固定概念による障害ではないかと私には思えます。

人は「慣れ」に安心感を見出します。

そして慣れていないことには拒否感、違和感を持ちます。

そして少しでも「自分が慣れ親しんでいるやり方」で物事を進めていきたいと考えます。

私自身がそうでした。

ネットが普及し、電話やファックスに代わってメールが情報伝達の主流になってくると、私のもとには非常に多くのメールが舞い込むようになりました。

当時の私はそれらのメールをすべてプリントアウトして読んでいました。

つまり当時の私にとって、ＰＣの画面に表示されたものは「見るもの」であり、決して「読むもの」ではなかったのです。

その固定された意識が「メールをプリントして読む」という、実に非効率的な行動を生み出していたのです。

新しいことを始めるには、エネルギーを使います。

当初はなかなか広まっていかず、普及率は一桁台で推移していましたが、2005年頃から急速に利用者が増え始め、さらに4年後の2009年には普及率が80％を突破しました。

2018年現在では高速道路を走る車の90％以上がETCを利用しています。

日本におけるペーパーレス化は現在のところ、おそらくアーリーアダプターの段階でしょう。

これがさらに広がり、ほぼすべての企業に「常識」として受け入れられるようになるには、まだしばらくの時間がかかりそうです。

しかし、ETCの例のように、ペーパーレス化は「ある時点で一気に普及が進む」と私は見ています。

となると、のんびり構えている時間はありません。

慢性化した人手不足はまだまだ続きますし、数年後には今以上に悪くなることも予想されます。

その中で生産性をさらに高める強力な対応策が、本書で語られているペーパーレス化なのです。

ペーパーレス化によって業務の効率化を果たし、人材不足の時代を乗り越え、経営手法そのものを変革させていく。

それは、あなたの会社を次の世代に存続させていくための、切り札ともいえるものです。

ペーパーレス化は、日本ではまだまだ馴染みのない概念かもしれません。

それだけに、いち早くペーパーレス化に対応した企業は、それだけの強みを競合他社に先駆けて手にすることができます。

新たな意識、新たなワークフローのもと、これからの時代を切り拓く醍醐味を実感していただきたいと思います。